老后关于花瑶民俗的作品在国外展出

应邀赴法国出席"巴黎·中国文化周"活动

老后在花瑶景区

老后在花瑶景区寻找新的风景点

老后在大托石瀑上攀登

老后与花瑶挑花奶奶合影

老后俯瞰大托石瀑

老后与花瑶老乡在峡谷探险

老后太累了，就地小憩

老后帮花瑶老乡磨玉米粉

老后教花瑶姑娘摄影

欢迎老后又来到瑶寨

老后与花瑶表演队员合影

老后在沉思如何选择最佳拍摄角度

爬到树上寻找最佳拍摄角度

老后在虎形山瑶族乡崇木凼村的古树林为花瑶妇女拍下靓丽照片

老后展示联合国教科文组织颁发的聘书

老后向国际友人赠送《神秘的花瑶》

老后似一尊塑像屹立于天地之间

HUAYAO
SHOUWANGZHE

花瑶守望者

陈云鹤　著

中南大学出版社
www.csupress.com.cn
·长沙·

湘中多怪石奇叟大地寻花日日走瑰源古渡见双柱腾身瑶上霎一手此石庙戏蔬之 大涤子

冯骥才先生给老后的题赠

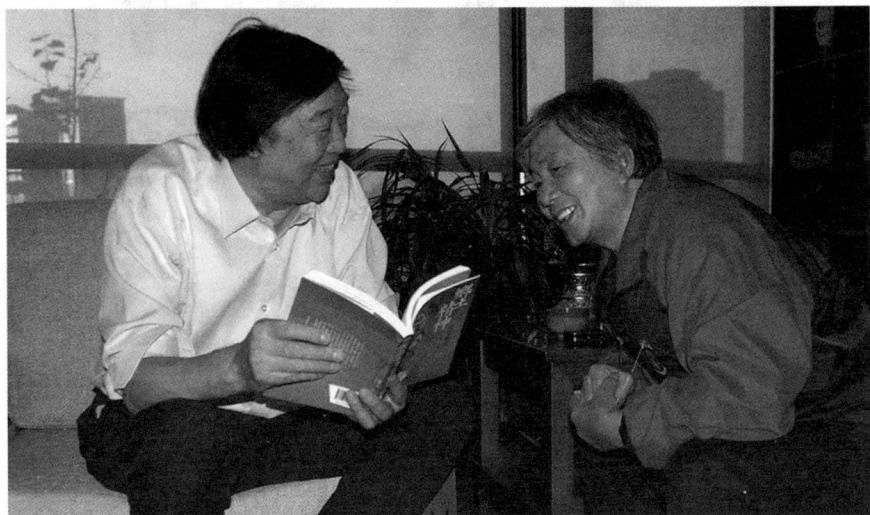

中国文联副主席国务院参事冯骥才先生在他的新著《乡土精神》中《老后与花瑶》一文写道："老后是人们对他的昵称，本名叫刘启后。一位从摄影家跨越到民间文化保护领域的殉道者。我之所以用'殉道者'，不用'志愿者'这个词儿，是因为志愿多是一时一事，而殉道则要付出终生……如果每一种文化遗产都有一个老后这样的人守着它多好！"

冯骥才先生与老后交流合影

序 言

谁会记住老后

/ 冯骥才 /

快乐是眼前的，痛苦常常在事后才会真正地感受到。

突然得知老后走了，我惊呆发懵，怎么可能！这样一个朝气蓬勃、热情健壮的人，一直奔波在湘中的田野大地上，竟一下子就在人间消失了？我一时竟然没有感到悲痛。

渐渐地，老后的音容笑貌不断出现在心中，我忍不住翻出世纪初写的关于他和花瑶的那篇散文——《细雨探花瑶》；又从手机里找出他前些天发给我的一些在湘中田野做调查的照片，他像顽童一样蹦蹦跳跳、攀藤爬树，甚至在山崖上立大顶。当时看到这些影像，我哑然失笑，自叹不如。他与我是同龄人，但他身体之矫健令人赞叹、钦佩。

记得几年前他在魏源故居采风时，看见渡口立着一个老百姓用来健身的双杠，一时心血来潮，便上去练了几下。人过七十，竟如健儿。他发来一张照片，我笑着写了一首诗送给他：

> 湘中老后一奇叟，
> 大地寻花日日走。
> 魏源古渡见双杠，
> 腾身跃上露一手。

究竟为什么，是谁，一下子夺取了这个如此鲜活、如此可爱的生命？真的应上那句老话——福祸难料和生死无常吗？这时，我才感到一种撕裂的疼痛，才感到我们文化遗产保护事业痛失一员大将和干将、一个令人尊敬的民间的文化英雄。他忽然不辞而别，而且永别了我们！

他走了，留下一个难以弥补的空缺，哪里再找到这样一位文化的志愿者？他不是一时一事的志愿者，而是一生的志愿者。真正的文化人都是一生的志愿者。我写的那篇《细雨探花瑶》中还称他是"殉道者"呢。所谓"殉道"，就是为理想和信仰而奉献自己，就是在我们的文化遗产遭遇困难、濒危待救时，伸以援手，引为己任，把巨大的石头压在自己的背上，为之付出一切。四十多年来，在湘中大地上，山野间，瑶寨里，一个身影踽踽独行。他身挎背包，还有一台沉重的相机，宽宽的肩膀，体态矮而健，步履一直是急切的；近些年的变化是他头顶的黑发渐渐变白，身边多了一个助手，是他可敬的妻子朱春英。我曾想，如果有人在湘中的崇山峻岭中碰到这对老夫老妻，他俩在遭遇风雨时双双手拄竹杖，会知道这对老者是为了抢救湘中文化遗产而奔忙吗？

由于他的种种努力，隐秘在高山密林中古老的花瑶向当代社会揭开了面纱，多项美丽的湘中文化进入国家文化遗产名录；而当地百姓从这些世代传承的文化财富中享受到尊荣，也获益于生活。

老后的贡献更在于他抢救性地调查与记录了大批珍贵的文化史料。两千多种花瑶挑花图案，大量的呜哇山歌，各样古老的民俗，还有传说中神秘的渊源于蚩尤时代梅山法师的手诀，等等，都被他忠实和确凿地记录和保存下来。如果没有这位先觉和先行者，时至今日，恐怕大部分都已经消泯不存了。

他作为一位出色的摄影家还留下海量的摄影作品。其中不少湖湘风景、瑶家风情，以及普通农民的肖像，既是摄影艺术的杰作，又具有视觉人类学的示范价值。

他知道自己工作的意义，所以他付出了一生。一生中，他倾尽心力，爱己所爱，不求闻达。虽然在晚年渐渐被媒体所关注，但他无意成为"网红"，依然人在田野，直到他辞世的前些天发给朋友们的照片上，他身后还是一片寂寞而充满生气的翠木苍山。

在市场化和媒体强势的时代，没有多少人会关注他。但人各有志，就怕无志。他告诉我们什么是真正的寂寞，为什么要选择寂寞，选择苦行。所以，在人少力单的文化遗产守护者的队伍里，这个热烈、性急、坚韧、执着、纯粹的汉子一直是大家的知己，也是一个精神的支柱。

如今他去了。谁会记住他？你也许会说，只有亲人和同道者了。不不，一定还有当地的百姓、瑶家人、歌手、舞者、民间艺匠与法师，等等——这些与他谊久情长的大地上的亲人们。

而真正记住一个有价值的人的，应该是未来。去到湘中大地吧，去到梅山群岭和花瑶古寨中吧，去到那些已经被人们视为珍宝、鲜活地传承、多彩多姿的文化中感受一下吧，老后依然还在那里，并没离去。他一定还在忙碌着，并笑嘻嘻陶醉其间。老后从来就认为，有没有人知道他并不重要，只要文化的灿烂与精魂还在。

历史不言，但一定会记住他。

（冯骥才：中国当代著名作家、书画家和文化学者，中国民间文艺家协会名誉主席，中国文联原副主席、国家非物质文化遗产保护工作专家委员会主任）

目 录

属羊的孩子

刘启后于 1943 年农历八月十六日诞生在湘西芷江航空飞虎队美军疗养院，这一年属羊年。他是孙孝连的第二个儿子，孙孝连将其取名孙传猷。

刘启后的哥哥孙传猷出生于 1941 年农历九月二十八日。两兄弟的出生让四代单传的孙家香火变旺了。

刘启后祖籍为今湖南新邵县酿溪镇。酿溪镇（原属湖南省邵阳县，今新邵县）坐落在资江河畔，这里的山虽然不是很高，但承龙山余脉，富有灵气。资江水在汇集了赧水、芙夷江、邵水等众多水流之后，流经这里时被一巨型岩峰挡住。岩峰高约 50 米，悬崖绝壁，突兀江心。俯瞰资水，如临深渊，不禁头晕目眩；远眺江景，山水映衬，顿觉心旷神怡。据《宝庆府志》记载："山下有洞，直穿潭底，乾隆年间，昔人秉炬探之，约行三里许，忽闻鼓楫声，骇而返。"

自明朝万历年间起，山上始建有庵院、亭坊，使本已秀丽的胜地，更添几分姿色，赛过邵阳的"双清"，故而得名"赛双清"。赛双清下临深潭，人称井口潭，资水在井口潭以上的几公里水路，是一落差较大的长滩，水流十分湍急，江水滔滔而下，至巨岩处猛然回头，形成巨大漩涡，水花四溅，吼声如雷。岩上有一石臼，曰"聚宝盆"。前人黄则曾在井口潭赋诗："江水滔滔往北注，石壁障之使西去。石势鸥张水势模，彼此争持声若怒。"呈现了赛双清的胜景。

刘启后的祖上生活在资江河畔的孙家院子。宣统二年(公元1910年)六月初四，刘启后的父亲孙孝连出生，令这三代单传的一家人欢天喜地。孙父抱着儿子舍不得放手，给儿子取名孝连，字海屏。

小孝连命运多舛，两岁多父母双亡，被孤儿院收养，稍大，边习武边上学，因天资聪颖、勤奋好学，在族人们的帮助下，读完了中学，后被保送至北京大学读书。

刘启后的母亲刘芝芸祖籍邵阳市。

刘启后的外公刘荣卿出生于邵阳，曾饱读诗书，知书达理，书法功底厚实又深谙当地民间梅山风俗，常义务为街邻题写牌匾书信，看个小小病痛等，娶同是邵阳的曾佑姑为妻，后生下了5个女儿。

1921年，刘荣卿二女儿刘芝芸出生。此女自小聪明伶俐，深得刘荣卿喜爱，常被其称为"爱英"。刘荣卿倾其所有供其读书，直至她考入北京师范大学。

刘荣卿的后半生是在六都寨度过的。

六都寨镇(原属邵阳县，今隆回县)在宋代称"赛上"，寓此地风光独秀，赛过他地之意。后讹传为"寨上"。这里开埠较早，有700余年了，古为重要驿站。至明代，赛市定为宝庆隆回第六里。至康熙年间，赛市更里为都，为第六都。一说六都四周有米珠寨、黄瓜寨、金字寨、观音寨、石峰寨、芭蕉寨这六个寨，故称六都寨。

六都寨是隆回县地质、地貌的天然分界线。自桥边村一线至大东山为西北山区，再往北是西北山原区，多白马山复式岩体，地表岩性以花岗岩为主，灰质板状页岩次之，土壤以黑色沙壤为主。以南为南部丘岗区，以泥灰岩为主，地表岩性以石灰岩为主，土壤以红、黄壤为主。

六都寨又是隆回县气候的自然分界线。西北山区、山原区海拔高，海拔 1400~1700 米的山峰很多，而六都寨以南大多海拔在 300~500 米。西北山区、山原区的极端低温为 -13.7 ℃，而六都寨极端气温为 -7.4 ℃。这里气候温和，雨量充沛，阳光充足，适宜各种动植物繁育生长。城区四面环山，冬无严寒，夏无酷暑，四季分明，气候宜人。

1933 年设寨市镇。1947 年，析邵阳县八乡置隆回县，县城就设在六都寨。县政府驻刘惠公祠。海拔 1202 米的大东山耸立于西。发源于望云山北麓的辰水河穿镇而过，清澈见底的河水可供人们饮用、洗菜、洗澡，夏天还是孩子们游泳、打水仗的地方。河流不仅为人们的生产生活提供了便利，也给沿河的民众带来了宝贵的矿产——黄金。近百年来，沿河两岸的人们一直在淘金，辰水河富了一方百姓。隆回县北面唯六都寨有辰河之便，水运交通发达，成为隆回北面主要商品进出口集散地。沿河而建的合面街近一千米长，有上百号商铺，当时成为隆回县政治、经济和文化中心。

辰水河畔的吊脚楼成为六都寨镇一道亮丽的风景。直至 20 世纪 50 年代，这里的吊脚楼还不输凤凰县城。

1939 年，刘荣卿从邵阳烤棚街（靠北门口附近）来到六都寨做生意，此时大女儿已在邵阳结婚，二女儿在北京上学，他带上另外三个女儿一起来到这里，见这里山清水秀，人居环境和谐，便在六都寨叫作上街上的地方租住了下来。

20世纪30年代末，在北京大学上学的孙孝连与在北京师范大学上学的刘芝芸相识了，孙孝连爱慕刘芝芸的美貌与温柔，刘芝芸欣赏孙孝连的帅气与才华。他乡遇老乡，自然分外亲，一有时间，他们便相约在北京幽深的胡同里漫步，操着相同的乡音，从邵阳的双清讲到赛双清，从宝庆的祁剧讲到北京的京剧，他们都有共同的语言，很快坠入爱河。

刘芝芸大学毕业后，在北京燕京女中任教。

孙孝连毕业时，正值抗战爆发，他毅然弃笔从戎。

孙孝连和刘芝芸的婚礼十分简朴，孙孝连自己这边没有亲人参加，刘芝芸的父母也没有来北京参加，只发了一个祝贺电报来，双方只邀请了几个老乡和同学参加他们的婚礼。

刘芝芸婚后随夫来到芷江机场附近某校教书。

芷江，位于湖南的西部，与四川、贵州、广西、湖北等省接壤，夹在湘、资、沅三大水系中间，东临长沙、衡阳，南瞰桂林、柳州，西枕芷江盆地。这一地区还是进出黔川，威逼贵阳，迂回重庆的军事要冲地带。湘西若失，贵阳危急，重庆将陷于不保。

芷江，这座散发着浓郁侗、瑶、苗等中国少数民族文化芳香的小镇，静卧在巍峨险峻的雪峰山下，是那么恬静和淡雅。1937年12月上旬，国民政府为了全国军事战略布局需要在芷江修建机场。

机场的修建是日夜赶工完成的。据张洪贵介绍，他当时体力好，被分配去抬石头，当时要把石头从燕子岩抬到飞机坪，去来有10多里路，抬一趟真不容易。有一天，天下着毛毛雨，路很滑，同他一起抬石头的江老三，脚一滑跌下了路坎，张洪贵使劲拉住了石头。江老三摔下坎，刮伤了脚，他顺手扯了一把草药，嚼烂敷到伤口，又继续抬。监工的看到了夸奖了他一番。走出不多远，他又摔倒了，仍然坚持抬。第二天，在机场进口处宣传栏上，看到了表扬江老三的文章。

在一个晴天的晚上，江老三对张洪贵说："洪贵，这月亮天，我俩去抬石头吧，工程这么紧，石头要得多，晚上能多抬一次也行。"

张洪贵说："老三你得到了表扬，来了精神？"

江老三说："我不图什么表扬，前几天我姑父被日本鬼子的飞机炸死了，我姑妈哭得死去活来，他们太欺负人了。我们尽快修好机场，日后好报仇。"

这一晚，他们抬了两趟石头到机场工地。

在机场进口的宣传栏上，又出现了他们两个人的名字。

在他们的带动下，后来很多人晚上也都在抬石头。

当时修机场可真叫人山人海。人们有的用锄头，有的用簸箕，有的推独轮车，大家都埋头用力，不管日晒雨淋、冰雪风霜，当时挖土、运土、滚压都是人力手工完成，民工在挖山头的同时，还要把剩土运去填沟壑，每填高 40~50 厘米，就要用锤子夯实一层，最深处需要填 3~4 米深，石滚压地时，一个石滚需要七八十个人来推动。

为突击完工，又征集民工至 3 万余人。当时有民谣唱道：人到芷江，九死一伤。当时劳动强度之大，可想而知。

历经 10 个月的奋战，芷江机场 2000 多亩机坪及 1600 多米跑道的扩修任务圆满完成。

芷江机场作为二战时期国民政府的前进机场、盟军的战略空军基地，驻场空军除经常与侵华日军进行空战以外，还要担负着掩护从昆明机场起飞的重型轰炸机实施对华北、华中日军驻地的战略轰炸，切断日军后勤补给线，封锁长沙、湘江和京广铁路运输，阻止日军进攻大西南等重要军事任务。日军也在不断偷袭芷江机场，在整个抗战期间，芷江城区有 800 多名同胞在日机轰炸下身亡。

日机每轰炸一次，七里桥、大垅坪、小垅坪的民众自动来协助，有十几岁的小孩，有 70 多岁的老人，各自带上锄头畚箕，自动去填修弹坑，抢修跑道。挑土的畚箕不够，他们就用布袋背土，还有的用盆子端土，有的虽然彼此素不相识，但目标同向，晚上挑土行走艰难，摔倒了爬起来继续往前走。打夯的工具太少，有的人就从自己家里拿来夯，帮忙打夯，把土打紧，基本一天就可以修复，机场的作战飞机又可以照常起飞降落。芷江驻机场部队的所有人员工作量更大，孙孝连和他的伙伴们也在没日没夜地工作着。

为了减少无谓伤亡，刘芝芸母子 3 人被疏散到当时的四川秀山（今属重庆）。身为地勤人员的孙孝连此时更是连轴转，但他的心却一直牵挂着妻子和两个儿子的安危。抗战胜利后，军人家属没有及时回迁，他千方百计挤出时间，自己驾着吉普车去 200 多公里外的秀山看望妻儿。这样时不时地长途劳累，他的身体每况愈下。

1945 年年底，孙孝连病情严重，经诊断感染了伤寒，这在当时是传染性很强的一种病，3 天后病逝于芷江机场部队医院。

丧事一切从简，仅长子孙传猷在前面端了个灵牌，次子孙传献连上山的路都还不会走，只得由人抱着，就这样两兄弟将其父送至离机场不远的墓地，既没有立碑，也没有标方位，以致多年后，孙传献（刘启后）兄弟多次去芷江寻找墓地时，一直无果。

苦难的童年

刘芝芸丧夫后，63岁的父亲刘荣卿闻讯从邵阳赶到芷江，将女儿刘芝芸（此时她腹中已怀着第三胎）和幼小的传猷、传献（老后）两兄弟接回六都寨。刘荣卿为六都寨福申祥纸庄主理账房，靠帮工度日，一家本不宽裕，现在又添了3张口，生活更是捉襟见肘。

刘芝芸经过一段时间的心理调整后，为生计所迫，决定带着小儿子辗转去汉口教书维生。临行前，她将丈夫的呢子军大衣留下来，叮嘱母亲给两个儿子改成小长大衣，然后挥泪告别父母和两个孩子。当时，四妹刘素华、妹夫林旭升一家也在汉口，四妹将其介绍给同在汉口工作的李俊，两人交往一段时间后结婚，因李俊原来没有儿女，刘芝芸把带过去的第三个儿子改姓李，取名李云清。1949年3月，刘芝芸生下女儿李春梅。

孙孝连去世后，刘芝芸一直沉浸在悲伤忧郁之中，身体每况愈下。

1949年5月，刘芝芸不幸病逝于汉口，留下一双儿女交由丈夫李俊抚养，并留下遗嘱：我有五姐妹，却无兄弟，为了孙、刘两家后继有人，长子传猷乃孙家之子嗣；次子孙传献，改随母亲姓刘，亦即过继给外祖父刘荣卿和外祖母曾佑姑做孙子，改名刘启后(寓承前启后)，为刘家的后代。其父刘荣卿从此将第二个外孙唤作刘启后，启后兄弟从此将原来称为外公外婆的二老改口称作爷爷奶奶。

传猷、传献兄弟俩从此生活在六都寨这个令他们完全陌生的环境中。在爷爷奶奶的照顾下，两个小孩很快适应了环境，无忧无虑地成长着。到了夏天，屋后的辰水河更是他们的天堂，他们可以在石板下翻螃蟹，在小潭中捉小鱼。捉累了的时候，兄弟俩在河边捡一根棍子，在沙滩上画一些只有他们自己能看懂的图案。

1950年，刘荣卿在六都寨参加土地改革，因上无片瓦下无立锥之地，家庭成分划为贫农。在远离六都寨3里路的"牛屎冲"分得13担谷田土(约两亩半)，后因一家两老两少无力耕种，农会照顾，用田土到六都寨街上换得一栋两层的木屋，得以安居，虽然失去了赖以生存的土地，却得到了房屋。刘荣卿很知足，他将房子稍加改造，变成一个小客栈，既管住宿，又卖点米饭，还打豆腐卖。幼小的启后兄弟从此靠爷爷奶奶做点小生意维持生活。

困境中的二老坚持送一对孤儿上学，当年九月，启后就读当地刘氏家族九保学堂(厂口铺原六都寨造纸厂大门旁)。有书读了，小启后高兴得不得了，往返上学路上都是一蹦一跳的。

在这里学习一年以后，他又转至六都寨七保学堂，此地位于后来的工农小学东边一里多路的山上，小启后每天来回要走七八里路，路途虽然远了一些，但哥哥也在这里读书，有哥哥的陪伴和照料，他依旧每天都是很开心。

刘启后8岁的时候，开始跟随哥哥学砍柴。初学砍柴，他自己不会捆柴，比他大两岁的哥哥也不会捆柴，只能依赖他人把柴捆好，用扦担扦好后，两兄弟慢慢从山上挑下来。冬天的一个晴天，小启后照例随哥哥上山砍柴，因这一天发现柴比较好，他有些激动，决心要把这点好柴全砍回去，一捆拢来的时候，发现贪多了。哥哥发现这一情况后，分了一部分过去挑。尽管这样，两兄弟都"超载"了，走到山下的田埂上时，小启后脚一颤抖，肩上的柴担失去平衡，从扦担上滑了出去，一头掉在下面的水田里。哥哥放下自己的柴担，同弟弟一道，两人走进冰冷的浸冬田里，将柴抬到路边。原本这柴就担不起，浸水后更是担不起了，他们只好把柴拨开，尽可能地让太阳晒干水分，可冬天下午的太阳也不得力，直到太阳下山，柴也还是没有全晒干，小启后只好把柴再分一些给哥哥，然后再把柴捆好。兄弟俩摸着黑，咬紧牙关，两腿颤颤地把两担柴挑回了家。

自此，爷爷开的客栈就再也没有买过柴，都是他们兄弟俩挑回来的。

1951年，六都寨撤七保学堂和九保学堂，将两所学校合并后迁至道屋院子(今六都寨镇小)，建立六都寨完全小学，刘启后同哥哥一起转到新开办的六都寨完全小学读书。随着两兄弟年龄的增长，爷爷奶奶的年纪越来越大，家里的小本生意越来越难做，家庭日益贫困了。

"爷爷奶奶赚不了钱，我们自己一分一分地挣!"倔强的两兄弟说道。

可刘启后兄弟俩年纪都还很小，怎么赚钱?

刘启后拍了拍自己的脑门，开窍了。

爷爷家开客栈，附近几个铺面也是开客栈的，客人经常打着手电走夜路来投宿，客人走后，常常把废旧电池丢在门外，用完的牙膏皮也随手乱丢。这些都可以拿来卖钱的呀！刘启后像是发现了宝贝，他把废旧电池捡回来，用石头砸开口，把里面的黑粉倒掉，留下外面的这一个金属壳，捶扁后一个个垒起来。他把牙膏皮用剪刀剪开，也只留下外面的铝皮。就连往返上学的路上，他也经常盯着路面，看有什么新发现，只要发现有废旧电池和牙膏皮，他也会装入书包带回家，回到家里后再一一剥开。半个多月下来，他将这些废品放到一起，再用捡来的铁匠补锅用过的废坩埚将这些废品熔掉，然后拿到供销社去卖，竟卖了2角2分钱，他高兴得不得了，自己也能赚钱了！他一口气跑回家，将这2角2分钱一分不留地交给了奶奶。

奶奶那双松树皮似的手捏着这2角2分钱，眼泪哗地掉了下来，她把孙子紧紧地拥在怀里。不到十岁的刘启后一边坚持学业，一边利用学余帮奶奶砍柴、挑水、舂米、扯猪草……

刘启后母亲刘芝芸，这是她唯一一帧留给子孙后代的照片

1953年，新隆初级中学由金石桥迁至六都寨，更名为隆回第二初级中学。

这一年对六都寨来说，好事连连：成立了粮站；组建了六都寨工商联；在洪江全县首次采用露天围窑烧制红砖；原来从事个体手工业的铁匠、木匠、竹篾匠、裁缝、泥瓦匠、石印印刷工组织起来，成立了铁工、木工、竹器、缝纫、印刷 5 个生产合作小组。这一切发生在小启后身边，对他来说，一切是那么的新奇。

1954 年，哥哥孙传猷小学毕业，顺利考上初中，但却因为家中无钱供其读书，只能辍学在家，帮奶奶打柴，只要是晴天，他就每天要到离家 4 公里的米珠峰担一担柴回来。碰上下雨天，他就要在家帮奶奶磨豆腐、舂米打碓。

死也要读书

启后一个人去读书，没有了哥哥的陪伴，也生出了许多失落感。爷爷想让大孙子第二年去读初中，可这一年妻子大病一场，又欠下了很多债务，传猷的上学梦又化为泡影。

1956 年，传猷再也不肯去担柴了，说什么也要读书，他自己报名到二中参加考初中，竟然还名列前茅。

刘启后同年也于隆回六都寨完小毕业，并顺利考上隆回二中，而且也排名靠前，小启后自是高兴。

乡亲街坊都向他爷爷奶奶表示祝贺，尽夸他家有一对聪明孙子。可他爷爷却一点也高兴不起来，前一年妻子生病所欠债务都还没有还清，现在两个孙子都要上初中，学费哪里来？

爷爷整天唉声叹气，他四处求借，借了 3 天，仅借到 15 元钱，只勉强够一个人的学费。爷爷感到心酸内疚，他把两个孙子叫到跟前，眼含泪花地对两个孙子说：爷爷无能，借了 3 天才借到 15 元钱，你们真是苦命的娃！这样吧，你俩每人拿 7.5 元钱去。说完，爷爷将自己的头直往墙上撞。

"爷爷，爷爷！"两个小孩被眼前的这一幕吓蒙了，哥哥立刻抱住爷爷，小启后也马上跑过去抱着爷爷的头，不让爷爷的头受伤。

每人拿 7.5 元，这就意味着两兄弟谁都上不了学，可哥哥已经耽误两年了，不能再耽误了。小启后把 7.5 元钱塞到哥哥的手中："哥哥，你已经停学两年了，不能再耽误了，你去读书吧。"

哥哥拿着这 15 元钱高高兴兴到学校报到读书去了。

中午看到哥哥拿着新书回来时，小启后当即在地上打滚号啕大哭，一个劲地叫："我要读书，我要读书!"谁也劝他不住。也不知他哭了多久，后来不见了他的人影。

小启后独自跑到阴森的岩漏山河湾，一个劲儿地痛哭："妈妈，你为什么要生我？你现在就不管我了，害得我书也冒得读。"

他歇斯底里地反复喊着这几句，人喊累了，他也不想再喊了，慢慢地，他向河中央深水处走去，在河水即将漫过头顶的一瞬，他后面的衣领被什么拽住了。

原来在岸边锄草的老农一直在关注着这个孩子，看到这孩子真的要跳河自杀，他连蓑衣斗笠都来不及摘，快速跑入水中救小孩。

他从后面拽住小孩的衣领往岸边拖，边拖边骂："哪来的野崽子！要死也要去别的地方死，死在这里莫吓了大家!"说完提起小启后往河边沙滩上猛一摔。

这一摔，把小启后摔醒了：我不能死!就这么死了，怎么对得起九泉之下的父母？又叫爷爷奶奶如何是好？

他拍掉身上的沙子，坐在河岸边直到把衣服晒干，方才回家。

回到家里，他继续做起两年前哥哥所做的事：晴天上山砍柴，雨天帮奶奶舂米打碓、磨豆腐。

小启后真不想一个人到山上去担柴，山上连个说话的人都没有，他好生孤独，也有几分害怕。他宁愿天天下雨，这样就可以同奶奶一起说说话，不再孤独。可要真多下了几天雨，他看到家里没柴烧了，心里又发慌了。

　　碰上晴天，他就要去担柴，每天来回路上，都要经过隆回二中，这是他梦寐以求的地方，可现在这个地方却成了他既想又怕的地方了。听到围墙里面传出朗朗的读书声，他心里就像针扎一般难受，只想快速逃离这里！但他的双腿却常常在这里越走越慢，好多次竟在这里停了下来。他把耳朵贴在围墙上，虽然有时听不清老师的每一句话，但他感到这是一种享受！每听几分钟，他又要环顾一下左右，看是否有人发现他，仿佛自己是一个小偷似的。如果看到有人来了，他立马逃离。

　　走到山上，听到围墙内传出的歌声，看到操场上的师生，他又常常发呆：此时我要是在围墙内多好！因为偷听上课和在山上发呆，不时耽误了砍柴的时间。可独自一人在山上倍感孤独，为了忘掉孤独，他又只有一心埋头做事，这样就可以忘掉其他一切！

　　日子难过天天过，尽管每天他把自己弄得非常劳累，但每到晚上走进卧室，一个念头又涌了上来：我要读书！

　　因此，不管每天干活多累，他都要坚持看书，他害怕荒废了自己的学业，因为他一直还在想要读书。

　　是年，寨市镇机关、团体、学校、厂矿、居民实行粮食按人定量供应。这对刘启后一家来说，既是好事，也是不利的事。说是好事，是一家四口能按时有米了，不利的是再也籴不到米用来开客栈了。

　　3月18日，花门至六都寨的公路历时一年的修建，终于通车，这对于刘启后兄弟俩来说是天大的好事，他们心想从此就可以坐车去邵阳的大姨和五姨家了。兄弟俩认为邵阳是大城市，他们做梦都向往的呢！虽然现在他们手中的钱还买不起一张车票，但至少他们有了期盼。

至七八月份的时候，全县掀起社会主义改造高潮，对农业、手工业、私营工商业进行社会主义改造。六都寨公私合营成立，未加入公私合营的个体工商业业主，组成合作商店。合作商店由摊贩业、理发业、客栈业、熟食店、豆腐店、照相社等组成，爷爷的客栈自然也合并了进来，爷爷到合作商店做事并担任会计。镇里还成立了高级农业生产合作社，在街上组建了木工社、铁工社、印刷社、竹器社、缝纫社。这些社会变革让刘启后也感到了新奇。

1957年，刘启后再次参加考试，如愿以偿考进隆回二中，编入初22班。

就在众多街邻纷纷前来道贺之际，年逾古稀的爷爷含泪劝说孙子："启后，我已老矣，无能为力再送你上学，就为你找个师傅

学门手艺盘家养口吧……"

　　小启后听懂了爷爷话语的意思，一心想读书的他生硬地丢下一句："我死也要读书！"

　　爷爷掂出了孙子这一句话的分量，他不再劝说孙子，而是千方百计四处筹措学费。老人家从六都寨下头街上一直借到上头街上，总算借到15元学费，启后终于得以进入初中就读。

自己挣钱上中学

进入初中后，他感觉到自己长大了，也更深切地理解到了爷爷奶奶的艰辛。

要读书就必须有钱，爷爷奶奶年纪这么大了，每天的小本生意更难做了，一家四口的生活都难以为继，还要供哥哥读书。

我一定要自己挣钱！不只是要挣到学费，还要自力更生挣到穿衣、吃饭的钱。

除了晴天上山砍柴，雨天帮奶奶舂米打碓、磨豆腐，他又多长了一个心眼：不时到街上走走，看哪里有挣钱的门路。

功夫不负有心人！他终于发现一个工地需要河沙和卵石。他像发现了新大陆，内心激动不已。他晚上趁着月光，一个人来到河边捞河沙，一担又一担地挑到工地边。连续几个晚上，他都这样劳作着。当老板给他2.2元钱时，他高兴得不得了！"我也能挣钱了，我长大了！"

他又同老板讲好话，工地的卵石也由他负责提供。于是，为了不让爷爷奶奶发现，他每天晚上独自一人来到河滩边，借着月光，一个人将卵石捶碎，又将其挑到工地。他将自己挣来的角票一张张整好，将每一个角都捋平，用牛皮信封装好，压在自己的枕头下。

后来，当地又开办了养猪场，向全社会收购猪草，一分钱一斤。他又找到了一个挣钱的门路了。一个星期天，他一个人来到长沿江边，看到这里的猪草特别多，他高兴得不得了，一个劲儿地猛扯。等他上岸时，发现小腿上爬满了蚂蟥，双腿鲜血直流，但他根本顾不上。他背着满满一大篮猪草，肩膀都压红了，双腿也一直在流血，走到猪场一过秤，竟有32斤！他手中攥着这3角2分钱，心中自是高兴，但双腿却像灌了铅似的，好不容易才回了家。

回到家里，被蚂蟥叮过的伤口又痒又痛，难以忍受，启后忍不住，用双手不停地抓自己的小腿，结果是越抓越痒，双腿又被抓得鲜血淋漓。

奶奶看到他这双还在流血的腿，难过地说："崽啊，你莫咯嘎拼啰！"

"奶奶，我今天挣了3毛2分钱。那里的猪草可多哩！如果不是有这么多蚂蟥，肯定早就被人扯去了。我不告诉别人，下次我还要去！"

奶奶在水中放上一些盐，把水烧开，然后到隔壁诊所要了几个棉签，蘸了盐水给小启后的双脚消毒，痛得他满头大汗。

奶奶心疼地说："崽啊，你痛得受不了，就叫出声来。"

他反过来安慰奶奶："奶奶，我不痛，您给我涂就是。"他想起今天挣了3毛2分钱，他还从来没有哪天挣过这么多的钱，他认为这个痛值！

这一年，六都寨发生了两件亘古未有的大事：4月15日，六都寨至金石桥32公里公路建成通车。看到六都寨的公路继续向前延伸，每天看到货车和客车在这条路上跑，刘启后感觉六都寨更繁华了。邵阳专署六都寨造纸厂成立，来了很多陌生的面孔，刘启后第一次看到六都寨也有这么高的烟囱，每当烟囱冒出黑烟时，他就看着烟囱发呆。老师上图画课的时候，他也总爱画冒着黑烟的烟囱。当纸厂放汽笛的时候，他也鼓着腮帮学着叫。当纸厂排放尾气的时候，他又捏着鼻子叫："臭死了、臭死了!"惹得爷爷奶奶一阵大笑。

1958年，初中二年级的启后随班里同学一道被派往离学校30公里的沙子坪(现在的芭蕉塘)铁厂拉烟煤、炼焦炭。这里采煤的历史可追溯到民国初年，从这里采掘出来的煤炭以其质优通过水运而远销武汉、南京等地。当时，从芭蕉塘挑一担煤至资江(今称赧水)河边，每担煤付脚力钱一升米。数十艘船停靠在河边，称重唱码声此起彼伏，热闹非凡。

刘启后来到这里，他对这里的一切都感到新奇，拉完煤炭后，拜工人师傅为师，学习怎样炼焦炭。一有空，他又跑到土法炼钢炉前，观察钢铁是怎样炼成的。同同学们在这里奋战了一个月，与其他同学不同的是，他不只是挥洒了汗水，他还做了满满一大本笔记。工人师傅们都夸赞这个学生爱学习。

暑假期间刘启后也没有休息，师生们又被带至十多公里外的七江支农，他带上洗漱用品和换洗衣服，同农民们一道，日出而作，日入而息。他拜老农为师，不只是学会了使镰刀，还学会了勒茅髻、扯秧、插田。当犁田的老农休息的时候，他也要跑过去赶着牛试一下，结果不是犁深了就是犁浅了，弄得全班同学哈哈大笑，把犁田的老农急得不得了，害怕牛把犁扯烂，马上把牛喝住。老农告诉他："你把犁把提起来，肯定是越犁越深；你把犁把死死按住，当然是越犁越浅了。正确的做法是：先把犁把提一下，当犁头进入泥土三四寸深处，用力就要均匀，要让犁底平衡前进，这样才不至于忽深忽浅。"启后记住了，原来这犁田也有物理原理啊！在这里抢收抢插半个多月，启后人晒得更黑了，但他觉得也学到了一些农业知识，很值得。

1959年，六都寨在寨正街中段修建横跨辰水河长90米、宽2米的木桥——人民桥。从此，街上的学生去二中读书再也不用涉水过河了。兄弟俩每天上学来回踏上这崭新的桥面，欣喜之情溢于言表。

这年冬天，全校师生又都去50多公里远的周旺、滩头修马路两个多月。临近年末，任务却还没有完成，指挥部喊出了口号："抓晴天，抢阴天，毛毛细雨是好天。"日夜加班加点干，学生们虽然还未成年，但同大人们干一样的活，师生们毫无怨言，学生们在劳动中学会了推独轮车，弄懂了倒虹吸管的原理等。在劳动中，启后懂得了热爱集体、尊重劳动、珍惜劳动成果，且磨炼了筋骨、增强了体质、学会了坚忍，十四五岁的他竟可以挑一百多斤的担子，整天干活不言苦。

可惜祸不单行，1959年5月，刘启后爷爷家竟被大火烧个精光，又回到上无片瓦、下无插针之地的穷困之中了。

由于无处安身，奶奶只好去了她邵阳大女儿家。刘启后兄弟俩要上学，只好寄居在他人家。在当地政府的救济下，爷爷在原地建了房，暂作栖身之所。

这年夏天，一场大水，把建成不到一年的辰水河上的人民桥也给冲走了，从此，兄弟俩上学又要涉水过河，遇上涨水，要拐很远的路才能有桥。即便如此，兄弟俩总是风雨无阻，从没有因天气恶劣而缺过一节课。

困难时期学校采购不到作业本，校长正为此事发愁，15岁的刘启后向校长主动请缨：校长，我来印！

校长早就关注这个头发有些卷曲的小伙子，他打心眼里喜欢这个孩子。但要把全校学生一学期的作业本交给他来印，还真不放心，一旦学生没有了作业本，还真是一件大事啊！

"校长，我真的能印！"他一个劲地缠住校长，发誓要把全校同学的作业本印出来。

校长被他的执拗劲打动，同意将全校学生的作业本交给他去印刷。但有一个时间规定，必须在开学前5天交货。校长心中还藏着一个小九九：万一交不了货，只要提前5天做准备，他还可以从其他地方想办法。

一个暑期的时间，从设计、刻版，到买纸、裁纸、印刷、装订，以他为主，外加一个同学助力，他们提前7天完成了任务，终于在开学前夕确保全校同学一学期的语数作业本按时领到手。校长摸了摸他略有卷曲的头发，以赞许的目光注视着他，并免了他下一学期的学费和伙食费，期末他还获得了"学校勤工俭学积极分子"荣誉称号。

1960年，刘启后隆回二中初中毕业，再考入本校高七班就读。

当时正遇上连续三年的困难时期，很多同学饿慌了，不得不弃学回家，他忍饥挨饿仍苦苦坚持学业。当时，每个同学每个学期还要向学校交400斤柴火和250斤猪草。学校除了每个学期给他10元助学金，他每个学期还要自己挣40元钱。因此，在学习之余，他还要饿着肚子打零工挣学费，衣食也得自己想办法解决。

从六都寨上十里山，中间有一个地方叫草鞋铺，这里是从前湘黔古道中的一个客栈，以其编织草鞋质量过硬出名，销量特别好。刘启后看准了这一商机，每天放学后，他步行近3公里，为这家老板义务劳动，边劳动边偷师学艺。一个星期后，他编织的草鞋也像模像样了。爷爷也笑称孙子是一个真正的"草鞋匠"了。长时间的搓草绳，他的手掌变得十分粗糙并裂出一道道口子，一遇水，手板上的这些口子钻心地痛。即便是这样，他每天还是一样地劳作。他和同学们说："你们不穿鞋，练就了一双铁脚板，我比你们还富有，还有一双铁手板。"

那个时代的男人夏天都流行穿背心，稍微讲究一点的还要在背心上印几个字，篮球队运动服也都要印上字和号码。刘启后觉得这也是一个挣钱的门路，他买回刻刀，从山上砍回杂木，自学刻字，又买回染料，开始弄活字印刷了，一件件衣服、一条条床单，都被他印了字和彩色图案。这既丰富了大家的生活，他也赚上了几个小钱。

后来方圆几里的人见他的字刻得好，竟要他刻章子，他也不知天高地厚，硬着头皮答应了。

这真是初生牛犊不怕虎！街上已有几个刻章子的了，他竟然敢从他人碗里抢饭吃。但他顾不了这么多了，现在他最需要的是钱，能挣到钱就能替爷爷奶奶分担忧愁。

他从山上砍回野禾梨树，买回锯子将梨树锯短，破成比章子略大的条子，刨成章子大小后，再刻成章子。他刻的字笔画均匀，深受大家喜爱，从此他又多了一门手艺。

高一暑假期间，他得知六都寨邮电所有一位职工请假，主动到邮电所揽下了这一份活。

第一天一大早，他就赶到邮电所，将报纸、杂志、汇票、信件一一清拣好，装入草绿色的大背袋中，他用手掂了掂，大约有30公斤。

他沿着六都寨至长郪的道路行走，要将报纸杂志和信件送到所有的大队部或学校，汇票还要送到农户家中。从六都寨至长郪距离只有17公里，但他要迂回到每个大队，竟要走上近50公里，饿了，他从衣袋里掏出一块法饼；渴了，他趴到路边的水沟里喝上几口。赶到长郪时，太阳已经下山，他在长郪住了下来，浑身像散了架似的，双腿胀痛，两个肩膀被勒出了两道深深的印子。他吃饭洗漱后到隔壁供销社买了2两白酒，不停地用白酒揉双腿。

第二天，他从长郪出发，至白竹坪，再到梅塘、禾梨坪，然后下上下背溪。沿线都是深山大沟，人迹罕至，一阵冷风吹来，他毛都吓得竖了起来。不时响起乌鸦的叫声和野兽的吼叫声，更是让人毛骨悚然！他感觉到第二天的路似乎更漫长，这路上怎么一个人也没有，哪怕是碰上一个担柴的人也好呀！当穿过石梅亭，爬上山顶能够看到荷田田垄时，他长舒了一口气："我终于穿越了大山，活着回来了。"

好不容易走到家里，他脱下鞋子一看，十个脚指头下面都打出了血泡！他找出奶奶缝补衣服的针，点上桐油灯，将针在灯火上烧一下，算是消毒，然后将所有的血泡刺破，再抹上一点桐油。

天亮后，他真的不想再去了，但这个邮电员休假20天，他与邮电所说好要跑10个来回的，不能食言，于是只好继续向邮电所走去。10个来回咬牙坚持下来，不但练就了他的腿功，更锻炼了他一个人在大山中穿行的胆量。

在学校里，他爱好(音乐、美术、书法、设计、体操、演艺)广泛，是活跃分子，还乐于奉献，品学兼优。他在校担任学生会宣传部部长、团委宣传委员，将校内校外宣传、周末晚会、黑板报等做得有声有色……

在组织文艺宣传时，他发现同学中懂乐器的不多，于是他自己制作笛子，虽然没有商店里的笛子吹出的声音悦耳，但总比没有强吧？他又自己制作二胡，没有蛇皮，他到田边抓一只大青蛙回来，把青蛙的皮剥落下来，当蛇皮蒙上，绷上钢丝，再自制一把弓，然后迫不及待地要哥哥来听。

哥哥一听，这拉出的声音既不像二胡，也不像京胡，哥哥说有些像旧木房开门的声音。弟弟给了哥哥一拳，两兄弟哈哈大笑了起来。

为了搞好学校的宣传活动，他下决心要买一把更高级的乐器回来。他把自己打工挣来的 50 元钱到邵阳买了一把小提琴，看书摸索着练习。

为了练琴不吵到左右邻居，每天天还没亮，他就操着一把提琴，到一公里外的桥亭上去练，从一个一个音阶练起，连续练了一个多月，竟然能够拉出歌来了。桥下的河水似乎给他奏出了和声，山谷中的微风犹如给他带来了韵律，他兴奋地在空谷中大喊："我会拉歌啦。"从此，在校内外文艺演出中，又多了一个提琴演奏者。

启后的大姨妈和五姨妈住在邵阳，两个姨妈家中虽然不富有，但都很喜欢启后兄弟俩。高二暑假前，两个姨妈邀请他们去邵阳。两兄弟兴奋地坐车去了邵阳，到了那里后，他们感觉一切都是那么新奇。

三天后，这种新奇劲没有了，他们觉得不但白吃了两位姨妈的饭，关键是他们自己假期还没挣到钱，回去以后怎么办？下学期的学费还没有着落，他们着急了。

兄弟俩在邵阳城穿大街、走小巷，到处看哪里有事做，怎样才能挣到钱。他们来到邵阳火车站货运场，终于发现了商机：拉板车运货可以赚钱！

兄弟俩租来一台板车，从火车站运货至物资公司仓库，跑一趟竟可以挣 2 元钱！兄弟俩把物资装上板车后，哥哥在前面拉，弟弟在后面推。兄弟俩铆足劲，一天竟跑了 5 个来回。晚上结账时，竟领回了一张"工农兵大团结"的 10 元钞票，他们打工这么久，从来没有哪一天挣到这么多钱，兄弟俩抱在一起，忘记了所有的疲惫，喜极而泣。

兄弟俩似乎挖掘到了宝，一个暑假下来，他们一天也没歇息过，有这么能挣钱的好事，他们根本歇不下来。开学前夕，兄弟俩关上门，将一个暑假挣的血汗钱数了一遍又一遍。他们感觉淘到了第一桶金，不但挣到了下学期的学费，还余下了一笔钱。

怎样使用这笔钱？兄弟俩的想法出奇地一致：买一个照相机回去！

初学照相

六都寨街上有一个叫庞芬喜的大学生，年龄比他们大四五岁，回来时端着个相机满街跑，好多的人和事都被他拍下来了，让兄弟俩羡慕不已。

他们看着庞芬喜的照相机，手痒痒的，时不时地央求庞芬喜让他们兄弟俩过过瘾。庞芬喜见他们这么执着，便有时会取出胶卷，让他们兄弟俩学着对焦，学着用光。兄弟俩也很高兴，拿着个相机小心地对准拍摄物，认真地找焦距，用光圈，当然最高兴的还是听到按下快门时的"咔嚓"声。好多次，他们做梦都是自己拥有了一台照相机，挎在身上在六都寨大街上神气地走着。

"我们也买个照相机回去，把我们喜欢的人和事也都拍下来，敢情多好！"

兄弟俩攒着自己的血汗钱，在邵阳满大街找卖照相机的商店。当买到一台 120 海鸥牌照相机回来后，两个姨妈再也留不住他们了，兄弟俩当即买了两张车票回了六都寨。

回到家里丢下行李后，兄弟俩就端着个相机在大街上跑开了。但胶卷太贵，他们要选一个最佳的景拍第一张，但哪一景是最好的？兄弟俩意见不一致，在没有选出两人都认为是最佳的景点时，他们舍不得按下快门。但兄弟俩是最开心的，一路跑呀追呀叫呀，不知不觉竟跑出了很远很远。

"哥哥，我翻个空心筋斗给你看，你给我拍个照。"启后向哥哥求请了。

"这么贵的胶卷怎么给你耍这样的把戏？"哥哥拒绝了。

启后还是忍不住不时地翻几个筋斗，打几个飞车，因为他实在是太兴奋了。

最后兄弟俩达成一致意见：到米珠峰半山腰上去，把六都寨河边吊脚楼和在河边洗衣洗菜的人拍下来。

他们护着照相机，沿着小路爬上山，在兄弟俩都认为是最佳的拍摄点时，小心翼翼地按下快门，拍下了第一张照片，然后又选了多处风景——拍下来。虽然跑出一身大汗，但兄弟俩乐此不疲，一刻也没有歇息，又跑到照相馆，请师傅把相片冲洗出来。

相片洗出来后，兄弟俩傻眼了：河边的人怎么只有蚂蚁大了？上好的景怎么变得模糊不清了呢？

出师不利！他们好心疼这张胶卷，要知道这可是要卖两担柴才可以买回一个的胶卷啊！

兄弟俩理不出个头绪，但又不甘心，揣着个相机上门去找庞芬喜，人家是大学生，一定懂！

庞芬喜告诉他们兄弟俩："距离太远，人成了蚂蚁大小。距离调不准，过远或过近，都会使影像模糊。"

他说照相时要注意用好光圈，光圈大容易曝光，光圈小感光不足；感光不足时，照片淡化不清晰。曝光不足时，底片薄，影像朦胧；过曝时，底片变黑，会使白的更白。

要注意用快门，快门控制时间，时间长，感光足；时间短，感光不足，相片不清晰。

大学生就是不一样，说出来一套一套的。但他一下子说这么多，他们哪记得住？兄弟俩假装听懂了，一个劲儿地点头。

但几个名词他们还是记住了：光圈、感光、曝光。

回到家里，他们不敢装胶圈，胶圈太贵了，他们消耗不起。他们就拿着空相机，对着远近不同的景在不断地旋转焦距，边转边念：光圈、感光……

就这样慢慢地摸索着，他们的照相水平在不断提高。

因为家庭贫困，哥哥孙传猷高中毕业后没有去考大学，到镇上去找了一份事做。在当时，高中毕业生也是凤毛麟角，镇里领导自是高兴，把他安排到商业部门任会计。

这里工资虽然不高，但他喜欢，因为该部门还管着一个照相馆。因兄弟俩到照相馆洗相花钱太多，他们正想自己学洗相，可照相馆的师傅就是不肯传授经验。

哥哥传猷上班后，有事没事就喜欢往照相馆这边跑，不为别的，就想偷师学艺。可这洗黑白照片都是在暗室中操作，很难偷学。

偷学不来，只有公开拜师。既要拜师，何不两兄弟一起拜师？

于是，两兄弟提着礼物公开拜师。一次不同意，来两次，两次不同意，来第三次……

精诚所至，金石为开。师傅终于答应收徒，两兄弟欢呼雀跃。

他们从邵阳买回显影粉和定影粉，把楼上的一间房封得乌黑且密不透风，把师傅请到自己家里来。

洗相前要先冲胶圈，在杯子里盛上水，把胶圈打湿，然后翻滚胶圈，即把胶圈的外面翻到里面，在漆黑的房里，看不到师傅的操作，两兄弟只好轮流去摸师傅的手，感觉他的手指如何动。

把胶圈翻滚后，在杯中水里加入显影粉，把胶圈置入显影水后，继续翻滚显影。

另用一瓷盘盛上水，放入定影粉。把胶圈从显影水中取出后，放入定影水中，继续翻滚。过了一段时间后，再放清水中洗，晾干，然后进入洗相阶段。

洗相片要在红灯下进行。洗相时，照例要配好显影水、定影水，另要备清水一盆。先把底片与相纸重合，用玻璃板压紧，取出后感光，影子印在相纸上，浸入显影水，在红灯下操作，需认真观看，恰到好处时，放在清水中过一下，浸入定影水中，10多分钟后，取出晾干即可。

兄弟俩按照师傅的方法，操作一遍。可冲洗出来一看，两人都傻眼了：胶圈冲厚了，浓淡比例过大！

两个人丈二和尚摸不着头脑，这究竟是怎么回事？

他们只好又请来师傅现场指导。

原来这跟显影时间有关。显影过久，胶圈冲厚了，浓淡比例过大；显影时间太短，胶圈冲薄了，清晰度低。

那要多长时间合适？启后迫不及待地问师傅。

师傅告诉他们：冲胶圈时，显影4分钟左右；放入定影水中时，要置10分钟左右。洗相时还要注意，对感光度的把握也很重要。感光不足时，人相淡化；感光过曝时，会导致黑的更黑，白的更白。

这回他们真记住了！后来他们在冲洗胶圈时，一个在操作，另一个在一旁数数。这一招还真管用，第一次洗出一组清晰的照片时，兄弟两人相互抱住，高兴地唱起了《喀秋莎》。

接连碰壁

高中毕业后，他成了一个真正的临时工：

"谁家建房要打土方，我去。"

"砖厂有谁临时要请几天假，需有人顶班，我去。"

"造纸厂晚上有货要卸，我去。"

长期连轴转，他好想休息一两天。但停一两天没事做，他心里又闷得发慌：这一两天没挣到钱，又吃老本了。

于是，他觉得还是爷爷几年前说的话对：两手叉叉，何以养家？应该去学一门手艺养家糊口。

他拜了一个篾匠为师，从粗活干起，先跟他学打晒簟。

徒弟徒弟，三年奴隶。师傅的工具担子由他挑，师傅的洗脸水、洗澡水要由他倒，吃饭时端碗要比师傅迟，放碗要比师傅早。这些爷爷都告诉他了，他都照着去做。

别以为学做篾匠轻松，还真需要几样硬功夫：把竹子破开需要力气，没有力气破不开；把竹子破成条子需要眼力，否则会粗细不均；把条子破成竹片需要巧用力，一不小心篾刀会把手给划伤；织晒簟时要有蹲功，有的要不了几分钟就会双腿麻木……

刘启后跟着师傅去荷田，上西山，为这里的农民织晒簟。半个多月下来，他已基本能掌握破篾技术。一次在织晒簟的时候，竹篾扎进他的手指，十指连心，虽然没出多少血，但却是钻心地痛。他怕被师傅看见了挨骂，于是背着师傅用牙齿咬，希望能把竹刺咬出来，可是咬不着；他又想用指甲抠，也抠不出。他又急又气，满脸憋得通红。这一幕终究还是被师傅发现了，师傅没有责备他，而是从口袋里摸出一个鹰嘴小钳，拿着这个小钳，在竹篾扎进的伤口处按进去，夹住竹刺往外猛一拉，这动作恰如一个熟练的外科医师。拔出后，师傅将这根带血的竹刺在启后眼前晃了晃："竹刺扎入肉里是常有的事，没有什么大惊小怪的。"听师傅这么一说，他反倒松了口气，他把受伤的手指放入口里吮着，算是消毒吧。后来竹刺多次扎入手指中，他不再紧张，而是借一下师傅的鹰嘴钳，自己把它夹出来。

六都寨在当时作为隆回的第二大镇，经常有招兵、招干、招工的指标，望着自己的同龄人一个个被招走，他生出了一些失落。

文化站编外人员

1964 年，爷爷从合作商店会计岗位上退休，每月领 8 元退休金。因一时找不到合适的人选，刘启后被招至这一岗位。他照例端茶、倒水、搞卫生，工作不分分内分外。业务上，他虚心向爷爷学习，不懂就问，在很短的时间内就胜任了这一工作。

当时，六都寨镇文化站缺人手。刘启后在做好会计本职工作的同时，经常自告奋勇到镇文化站进行义务劳动。开放图书室、阅览室，打扫楼上楼下的卫生，镇上的对外宣传等他统统都做。

当时全国各地都创办业余剧团，六都寨也不例外。从导演、选曲、配乐、灯光、布景，都是他一个人亲力亲为。一些演员不肯出演，他要上门反复做工作，请人家出山。精诚所至，金石为开，人家被他的精神感动，只好答应。每次排练后，对一些住在偏僻地方的演员，他又要打着手电将人家送到家门口，然后自己才回家休息。在几个月内，他们赶排出了《刘胡兰》《红珊瑚》《东海最前线》《郭亮抓郭亮》等各种大型歌剧。

排练成功后，便组织到周边十几个公社大队义务演出。演员都是白天在各自的岗位劳动，散工后各自匆匆在家扒碗饭，然后迅速集合，清理好道具，步行至演出地点，迅速化妆，挂幕布，点煤气灯。演出过程中，一招一式，大家毫不马虎，因而每次表演都能得到观众一次又一次热烈的掌声。

表演完后，大家又要挑着道具步行回来。有时光来回走路就有二三十公里。走远路手电筒光线不够持久，为了避免掉队，每个人的手臂上缠一块白毛巾，后面的人看着前面的白毛巾，就可以避免走失。

有一次去马坪的一个村演出，要经过一段很长的田坎路。演出回来的路上，走着走着，有人突然发现刘启后不见了，同行者大喊：启后、启后，刘老师、刘老师，未听到回应。领队只好要大多数人原地休息，派出几个年轻体力好的人再原路返回寻找刘启后。

走过一段路程后，寻人者听到田坎下面有鼾声！原来是刘启后太劳累了，走着走着竟打瞌睡了，他踩到田坎边溜了下去。遇到这种情况他竟然都没醒来，他的双脚踩在水田里，背倚田坎，还在继续打鼾！

看到这一幕，同行者们忍不住哈哈大笑起来，笑声竟然没有把刘启后惊醒，他们的脚下鼾声依旧。他们又心疼刘启后：他太累了！让他再多睡几分钟吧。几分钟后，他们下到田里，把刘启后摇醒。刘启后醒后，一个劲儿地说对不起，说耽误大家的休息了。

后来参与演出的演员们聊天时，一提起这个事，大家都还是忍俊不禁。

他在文化站做事时，每个周日晚都会举行故事会。无论雨雪严寒，他都坚持开讲。有时脑袋中的故事讲完了，他先一天晚上哪怕已是半夜了，也还得抓紧看书，要不然第二天晚上就没故事讲了。就这样在学中干，在干中学，也让自己提升了不少。

有时他下乡或临时到外地做事去了，他就要爷爷代替讲。街上的人都乐于听他们爷孙俩讲故事，爷孙俩讲起故事来绘声绘色，观众们听起来如醉如痴。刘启后也因此被六都寨街上的人称为"故事大王"。

随着刘启后在文艺辅导方面的名气越来越大，他这位文化站的编外人员还要负责隆回县北面五个行政区的农村文艺辅导，不时要步行几十甚至百多里深入农村辅导排节目……苦心人，天不负，六都寨文化站荣获"邵阳地区红旗文化站"称号，他也赢得了县文化馆领导的交口称赞。

这年冬天，刘启后被抽调到县武装部参加民兵尖子培训。他严格按照教官的要求训练，训练射击时，他端着个枪仔细瞄准，练得双手酸痛，吃饭时连碗都端不起，右手拿筷子时，筷子都不听使唤，尽管如此，他的训练却不敢放松半点。射击打靶时，他一鸣惊人，打出了好成绩，被选拔到邵阳军分区教导大队，刻苦集训三个月，成为军分区从小口径手枪、步枪至军用步枪、轻重机枪的全能射击运动员。接着，他又奉命接受 47 军军事教官的严格训练，成为新化罗盛教尖子民兵排拼刺刀的军事教官，为迎接叶剑英元帅来湖南的大检阅做准备。

一波三折

1965 年，隆回县总工会要招一个能写能画、能弹能唱的文艺特长青年，向县文化馆领导了解情况。县文化馆刘熏陶馆长说：我向你们推荐一个六都寨的小伙子，能写能画、能弹能唱，各方面能力都很强，他叫刘启后，保证能达到你们的要求。

县总工会的领导来到六都寨，找刘启后面谈和看了他的特长展示后，按捺不住内心的高兴，这正是他们所需要的人！

经历了多次招工招干的失败后，刘启后却心如止水，他不再抱任何希望。

县总工会的同志面试后，要他回家立即打好背包同他们一起坐车去县城上班。

启后回到家里向爷爷奶奶讲，征求他们的意见。

奶奶说："你还是去吧，不要在乎他人怎么说。"

爷爷说："你长大成人了，自己拿主意。"

他记住奶奶的话，自己打了个背包，跟随县总工会的领导去了单位。

在这里，他主要从事职工业余教育和工人俱乐部工作。

当时工人普遍文化水平低，所以县总工会还有一项很重要的任务，就是要为工人们扫盲。当时，县总工会有三个大学生，他们也各教了一个班。刘启后虽然没上过大学，他也被领导安排教了一个班。说来也怪，工人们倒很愿意听他的课，说是听他的课容易懂，学起来也轻松。授课之余他积极参加工人俱乐部的一些工作，在他人看来这是额外负担，他却乐此不疲。

这一年县总工会荣获"邵阳地区红旗工人俱乐部"称号。

就这样教了一年多，刘启后到县机械厂上课。上了两个多月课以后，总工会又要把他退回六都寨镇。

他说：我明天要到农村去接受贫下中农再教育，你们明天就有另外的老师来上课了。

工人们一听就来火了，刘老师上课上得好好的，为什么会这样？那怎么办呢？刘老师要去接受贫下中农再教育？

其中有一个叫王小初的工人站起来大声说：呃？现在是工人阶级领导一切！刘老师，你可以到工厂接受我们工人阶级的再教育啊！

刘启后听了苦笑一下：谈何容易啊！

没想到第二天早晨八点吃饭的时候，机械厂的一二十个工人来到县委大院，还有人挑着一担箩筐，他们到县委大院食堂门口大喊：县委机关的领导们，工人阶级领导一切，今天我们机械厂的工人要把刘启后接到机械厂接受工人阶级的再教育！

说完，哄的一声，大伙就往刘启后住的地方走。把他的被褥、衣服、暖水瓶、茶杯装入箩筐，总共不足一担，径直挑到机械厂去了。

才华初露

到机械厂后，刘启后马上就可以端着碗到机械厂食堂吃饭。一进厂工人们就把他安排在工人集体宿舍，有床，只要把被子铺上去就行了，马上就有工作服发，马上就有班上。

刘启后心里十分高兴，就像是吃了蜂蜜一样，感觉自己一下子就梦登天堂了。

"既然到工厂来了，干苦活是不怕的。我一定要认真工作，干出一番事业来，否则对不起机械厂的工人们。"他自己暗暗下决心。

但他到机械厂时，连机械厂的一个改锥都没见过，因为他大多数时间是在厂外搞宣传，写语录。

这年冬天，他与县文化馆彭宝田及其他几位美术老师共同承担从邵阳市区经隆回直到洞口县城，总长达110千米公路两边语录牌的书写。当时按照邵阳地委的要求，每隔50米要立一块木质语录牌，时间只有两个月。

为了在规定的时间内完成任务，沿线公社派人每隔50米就挖一个坑，放一块空牌子，书写者写完后还要负责把牌子立起来。

刘启后同彭宝田两个人分在一组，他们冒着严寒霜雪在公路旁露天工作，寒冷的冬天，冻得油漆都搅不动，他们先要生火把油漆烤熔，才可以写得动，可不一会儿，油漆又因气温太低而凝固了，一个人写一块牌子常常要烤几次油漆，工作效率低下，手脚也都冻麻木了。

刘启后突发奇想，对彭宝田说："彭老师，一人写一块牌子，生火烤油漆的时间太多，工作效率太低！"

"是啊，但不这样写，还能怎样写？"

"这样吧，我们两个人合写一块牌子。"

"两个人合写一块牌子？这样效率岂不更低？"

"不会，我们把牌子放平，只要字体一致，你顺着写一半，我倒着写一半，合起来不就是一块牌子了？这样烤一次油漆就可以写一块，我们在烤油漆的时候也就可以暖暖手。"

"你还会写倒字？"彭宝田感到吃惊。

刘启后笑着说："写这样的黑体字，就像木工师傅做木架子一样，只要熟练了，横竖倒顺都可以敲拢来，倒着写没问题。"

"那我们就试试看吧！"彭宝田同意了。

写完后试着竖起来一看，效果还真不错，两人相视一笑。彭宝田将刘启后一拳："你还真行！"就这样效率提高了一倍以上。

于是，他们俩就一直这么合作下去，吸引了路边的行人一个个围过来看稀奇：这个人好怪哦，字还可以倒过来写？真是见到了奇才。

当时，他们两个被安排在高田人民公社办公楼的一个小房子里，两个人一张床，一床薄薄的被子盖着，整晚都是冰凉冰凉的，整个房子就像是一个冰窖似的。他们在这样的环境下生活了两个月。

在食堂吃的就更差了，连续两个月基本上是吃大米萝卜，偶尔食堂打个牙祭，等他们回来时，干部们早在灶台边就分光了，根本没有他们的份。两个月下来，刘启后瘦了七八公斤。

他们克服困难，从周旺到雨山10千米200块牌子，他俩一个字一个字一丝不苟地书写着。碰到路上车子轮胎打滑开不动的时候，他们又要放下手中的活，帮司机推车，当时全是沙石路，车轮转动时，甩出的沙和泥打得他们的身上好疼，衣服也常常是沾满了泥巴，尽管如此，他们也是毫无怨言。历时两个月，10千米宣传长廊终于完成，受到了上级领导的表扬。

收获爱情

在县总工会工作期间，工人俱乐部的各种活动，他都积极参与，显得游刃有余。中学时代练就的吹、打、弹、唱、写、画、演等才艺，再通过在六都寨文化站的历练后，在这里全都派上了用场，深受广大职工爱戴。

当时，商业部门成立了一个宣传队，这个宣传队由刘启后负责指导。刘启后同宣传队的大多数人熟，有一个叫朱春英的小姑娘不认识他，所以刘启后每次来的时候，她都避开了。当时，冬天训练前大家都是围着一个煤炉烤火，一起说说笑笑。小朱每次见他来了，她火也不烤了，独自一人站到窗户边去，任凭大家一起说说笑笑。

刘启后后来发现，小朱的单位同县总工会只一墙之隔。慢慢地，刘启后发现这个不爱说话又有几分腼腆的小姑娘有一些独特之处，他有事没事总爱往隔壁小朱的单位跑，见面了也彼此打个招呼，有时候也聊聊天。有时下班，刘启后会主动提出送她一程。小朱听了后，满脸通红，头摇得像个拨浪鼓似的，一溜烟跑出好远，直到确认与刘启后有了很长一段距离了，方才停下来。

就这样过了很长一段时间，后来一些年长的大姐似乎看出端倪，就经常对小朱开玩笑："小朱，我们给你介绍一个对象，你看县总工会的小刘怎么样，这人很好的呢！"

小朱依旧是满脸通红，既没回话，也没反对。

一些热心人觉得有戏，于是继续撺掇。

过了一段时间，刘启后写了一封信当面递给小朱。小朱接过信后，内心忐忑不安，不敢当面打开。

等刘启后走了之后，她才打开这封信，她越看越脸红，果然是启后向她求爱来了。

半个月内，两人彼此都没有再见面，都不知道再见面时要怎样说。

后来还是刘启后过来了，见面后很长一段时间，彼此都不说话，最后还是刘启后打破僵局，讲了一些其他方面的事情。

他们的关系，就这样不冷不热地持续了很长一段时间。

1968年农历十二月初八，六都寨打来电话说他84岁的爷爷病了。刘启后从北山工作组火速赶回县城，他找到小朱，说爷爷身体很不好，必须回去一趟，说完就急匆匆赶往六都寨去了。

小朱知道他爷爷带大他不容易，她也想去看一看，下班后，她找了一辆车，来到六都寨。当她赶到刘启后家时，他家的几个姨也都回来了。

医师把了脉后，郑重其事地对其家人说："老人年纪大了，器官衰竭，没法治了，你们准备后事吧。"

这时，镇里的罗秘书也来了，他是看着启后长大的，到县城办事时也经常到小朱的店里来，罗秘书也认识她。他把启后拉到一边说："启后，你爷爷带大你多不容易，含辛茹苦，他现在的心愿就是想要你们结了婚，他才放心。现在你爷爷这个样子了，你们应该去扯个结婚证给你爷爷看。如果你爷爷要闭眼了没看到你们的结婚证，那是他一辈子的遗憾。"

启后长叹一声："哎呀，现在这个样子我哪有资格结婚，我身无半文。"

罗秘书说："扯结婚证就两毛钱的事，要是你们还有钱，买点糖放镇里我的桌子上也可以。"

他给启后做了思想工作，又给小朱做思想工作。

小朱不同意，说："不行呢，我们根本还没谈到这一方面来。再说扯结婚证要开证明，我连证明都没开来，你就给我开什么结婚证啰，那要不得。"

罗秘书说："哎呀，我看着你长大的，还要开什么证明啰；启后我也是看着他长大的，不存在要开证明，我就是证明。"说着一手拉着朱春英，一手拉着刘启后就往镇里走。

到了镇里后，罗秘书打开抽屉，把结婚证填好，收了他们两毛钱，然后把结婚证递给他们一人一张，又把他们拖回去，带到他爷爷床前，把结婚证展开给他爷爷看，大声说："满爷，您看，启后结婚了，这是他们的结婚证。"

爷爷睡在床上，闭着的眼睛睁开了，看到孙子的结婚证，高兴地连声说："好哩，好哩！"

刘启后借了60元钱买了点花生瓜子招待来贺的同事朋友们，自此开启了老后与春英艰难、甜蜜而幸福的夫妻生活。

那一夜，刘启后和朱春英这一对新婚夫妇在爷爷床前陪了他一整宿。

说来也奇怪，第二天早晨，爷爷就可以起床了，还可以吃点东西了，一家人十分高兴。

上午，刘启后和朱春英就各自回单位上班了。中午传来消息，爷爷可以下床并能吃饭了。

小朱也暗暗自喜：虽然扯结婚证没有经过妈妈的同意，也没有同哥嫂打招呼，就擅自做主了，但爷爷竟奇迹般地好了！

1969年农历十月初八日，妻子春英临产，岳母请接生婆到家，从清早待到傍晚，春英疼痛难忍却未能分娩，去医院，连板车都找不到。情况危急，朱春英毅然从床上爬起来，双手捧着大肚子便往两华里外的县人民医院走，万般无奈的老后紧追其后，终于抵达医院。熬到晚上十一点，春英终于生下第一个孩子（男），取名"刘丹"。

两个多月后，爷爷又重病了，启后把刘丹递给自己爷爷，告诉他这是他的曾孙子。启后的爷爷高兴地抱着曾孙子，说："这伢子长得好，你们要好好带。"

当天晚上，爷爷突然去世。

为爷爷办丧事是最穷的，连饭都请不起大家。但给爷爷送葬又是最隆重的，附近几百人都赶过来为这位外地来的老人送上最后一程。

1972年冬，启后的第二个孩子出生了，是个女儿。想想自己从一个孤儿，到结婚成家，到现在的儿女双全，他打心底感谢夫人朱春英，他的心里也倍爽。他抱着女儿亲了又亲，高兴地对妻子说：女儿就叫刘爽吧。

妻子躺在产床上，看到丈夫这个兴奋样，高兴地点了点头。

刻苦钻研

来到机械厂后，由于多数时间处于打杂状态，他根本没有多少时间学习机械方面的加工技术，更没有时间接触厂里的一些机械。刘启后内心很着急，于是抓紧一切时间自学，他把大学院校机器制造专业的基础理论，厂里机械冷加工、车床、刨床、钻床、铣床、镗床等通用机械的操作技术，各个工种生产运用的所有计算公式、常数都自学了，对各个机械制造的参数、常数，他都倒背如流。

到厂里上班时，他除了做好自己的岗位工作，一有空，便到厂里四处转悠，拜能者为师，到处学艺。

那个时候的师傅同老师还是有区别的，老师是掏心窝子的，只想学生全部听懂，全部学会，老师就高兴了。师傅就不一样，师傅认为：我把你教会了，把技术全部教给你了，你不就抢了我的饭碗吗？那不是教会徒弟打师傅吗？所以师傅对徒弟是一定会留一手的，一些关键性的东西是绝对保密的，能保密到什么程度，他就会保密到什么程度。有一些人跟师傅学三年、五年还出不了师，问题就出在这里，师傅不会全心全意教你，靠自己琢磨。

刘启后跟师傅学的时候，每天他都会提前上班，多做一些活，把卫生搞好，把机械擦得放亮光，工具码得整整齐齐。所以在工厂里，工人们都看在眼里，觉得他是个勤快人。

但师傅还是对他留一手，当师傅不愿意教的时候，他就省吃俭用，尽量多买一些书来看，努力从书中去寻找方法，他从长沙、邵阳等地购回了机械加工方面的高等教学材料，每天上班回来后就抓紧时间看书，每晚要看到凌晨三四点。

刘启后结婚后也一直坚持学习。冬天有次看书看到凌晨三点多，楼上的工友嫌去厕所太远，就在楼上窗户上尿尿，这尿刚好落在刘启后的窗户上。刘启后制止楼上的这一不文明行为，大喊一声，他忘记了床上还睡着新婚不久的妻子，惊醒了新婚妻子。他对妻子满脸歉意，妻子心疼地说："这么晚了，你还不睡？明天八点还要去车间上班呢。"

老工人陈大华说："老后刚到厂里的时候，连改锥都没用过，像这种技术上一张白纸的人没有个三五年，甚至是七八年，是出不了师的。但老后学到一些理论基础知识的时候，坚持学一点用一点，慢慢地，竟学到了很多门道，在不到两年时间，他在车间里就是技术权威，说起来简直没人敢相信，但事实确实如此。在工人与技术人员闹矛盾的时候，他可以跟工人解答，他就是桥梁和润滑剂。大家对他非常崇拜、非常尊重。"

通过几年时间的磨炼，老后竟成了厂里的全能型人才。有时当厂里工人问这个工件加工时间要怎么算出来时，一些技术员、工程师还要翻书，他只要拿粉笔到地上算一下就出来了。工人们感到很惊奇，都说他是"化学脑袋"。

20 世纪 60 年代中后期，隆回县机械厂接到了生产任务：生产汽缸套。

汽缸套是供专用汽油发电机活塞用的，内壁抛光用的珩磨机根本买不到，只能靠自己生产，珩磨机的关键部位的转向机工作时是由非常怪异的凹凸机械构成的，工作时需快速向下活动又高速运转，才能把汽缸膜内磨亮，达到光亮的效果。

机械制图中一般零件图有主视图、侧视图、俯视图三张图纸，可以清清楚楚看明白，最多增加一个剖面图。而这个零件从外表看，就像一个雕了花的笔筒，高4寸左右，直径约3寸的圆柱体，中间有一个约半寸大的通孔，而圆柱外侧呈七凸八凹的立体沟槽，像雕有深浅不一、大小不一的菩萨一样，一张零件图纸上竟画有6个视图，它是苏联著名机械研究所的图纸，也是我国国内高校机械制造专业中从没有见过的复杂零件图，引起了大家的关注。当时工厂近千人中，有26个大学生、技术员和工程师，大家反复地看、反复地琢磨，最后都摇头走开了。连图纸都看不懂，还怎么谈得上加工制造？

时间紧迫，汽缸套生产的工业流程万事俱备，就缺这个与珩磨转向的关键零件。由于这个问题久久不能解决，严重影响了汽缸套的生产。

怎么办？厂里研究决定，只能送往长沙或湘潭电火加工了。但是联系的几个工厂都不肯接活，后来了解到湘潭机械厂有一台苏联进口的珩磨机也有类似零件，于是厂里马上派出工程师、老钳工等4个人前往湘潭机械厂，看着在用的机械零件，对照图纸研究学习，以消化这张复杂的零件图。可回来后，大家面对这张复杂的图纸还是云里雾里，并没有消化，零件图纸的立体概念就是形成不了。当时有多年从事铣工的老师傅，有从广东科研单位回来号称是总工徒弟的师傅，有从部队培养回来的老铣工，面对这张复杂的图纸也是望洋兴叹，还有其他工种的权威师傅都走过来看看，也是一头雾水，看不明白，一个个摇头走开了。连哈尔滨工业大学毕业的技术权威心中也没有底。

时间一天一天过去了，紧要的机械零件依然还是个半成品毛坯摆在那里，厂领导们一个个心急如焚。

厂务会决定由书记黄镇、副厂长李锐昌找刘启后谈话，说现在厂里办法想尽了，到外面去买，没有；请人加工，没有哪个厂肯接活；派人去看样子，还带着图纸，没看出个名堂来。都说启后同志是"化学脑壳"，厂里决定这个事还是请他来做，只要他答应了，没有办不好的事。

但刘启后担心自己做不好，领导看出了他的心思，说："你先试试看，只要你答应就有办法。如果工件报废了，绝对不追究你的责任。厂里打算安排10个工件来做试验，你不要有任何思想包袱，只要你想做的事情，就一定能做好。"厂领导一直在鼓励他。

刘启后想：生产刻不容缓！万事俱备，就缺这个珩磨生产的关键零件。如果还不把它攻下来，那不严重影响汽缸套的生产吗？既然领导今天讲得这么诚恳，把任务交给我来做了，那我一定要好好研究，决心把它攻下来！

其实这张图纸他已看过很多遍了，早已把它背下来了，一些相关数据他也早已记在心里了。于是，他马上开始工作，把自己所学的机械制造专业理论和通用机械操作技术，以及他高中时候打下的良好的数学基础，都结合图纸充分利用，每天坚持加班加点，有时为了一个环节上的问题，工作到快天亮。关于这个零件的加工计算，他密密麻麻写了二十多页。通过日夜奋战，基本上明确了立体空间概念。

但加工这个珩磨的关键零件没有相应的刀具，还得自己重新设计。

从他接到任务的那一天起，一直在加班加点，每天吃饭、睡觉都在冥思苦想。要怎样才能设计出各种用于升降、横向、纵向和挂能的刀具，这些都是自己从来没有见过的，全靠自己平时学过的知识和工作经验。

马上要进行铣工加工了，他又开始担忧了，厂里近千名工人中，有这么多大学生、工程师，没有一个有勇气来承担这一工作，而自己既不是大学毕业生，又不是工程师、技术员，竟胆敢承担这么繁重、复杂的工作任务，会不会有人看他的笑话，或是有人在铣床上做手脚，稍有不注意工件就会报废。他把自己的担心向领导进行了汇报。

领导高度重视他的想法，非常支持他的工作，在全厂工人大会上郑重宣布：珩磨机关键零件加工是一件非常重要和紧迫的任务，为了保证加工任务的顺利完成，从工件上机床开始，直至最后完成的那一天，任何人不得干扰刘启后的工作，尤其不得动他的机床。

他自己也非常谨慎小心，对计算出来的结果反复进行验算。机床上的挂轮是否有错，机床工作台上、台下、左右前后三个操作手柄怎样摆动，动多少，都要按计算的数据严格操作，决不能有丝毫差错。

厂里的工程技术人员充分相信这位被工人们称为"常胜将军"的刘启后，因为他的产品从未出过废品，一直是免检通过。

加工那天，厂生产办还特意在机床四周大约两米处打了石灰线，强调任何闲人不能进入线内。

一直与工人打得火热的刘启后看到这一幕，既好笑又倍感为难，他深深体会到厂里的高度重视，更体会到肩上的担子似千斤重，他告诫自己只许成功，不许失败！怎样挂轮，怎样动刀具，他对照自己拟出的工作手册一丝不苟地操作着。

装配试车的那天，厂领导、工程师、技术员、各车间负责人及所有关心这件事的人都来了，大家都来争着看刘启后最后的劳动成果。

装上珩磨机试车，啊，一次性试车成功！

在一片掌声中，大家齐声高呼："启后，好样的！"

厂领导当着大家的面表扬了刘启后：你不怕苦、不怕累！攻克技术难关，为全厂的军工生产立下了汗马功劳，全厂职工都要感谢你！对他这一段时间以来的辛勤劳动表示万分感谢！

刘启后也如释重负，对自己的成功感到欣慰！

刘启后从机关到工厂，由于通过自己的认真学习，从一个地道的门外汉，在较短的时间内成为厂里的技术骨干，解决了大家都解决不了的技术难题。

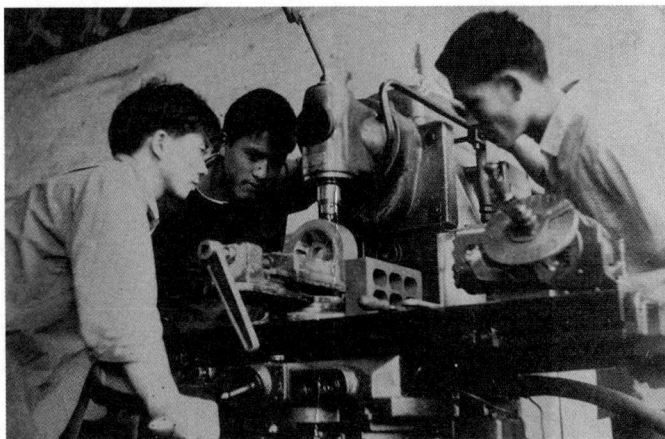

由于他在厂里勇挑重担，厂里领导和工人们都看在眼里。有一次厂里工人晋级只有三个指标，厂里领导当时感到难以决断，于是采取无记名投票的方式决定。

当时刘启后人也在外出差，对此不抱任何希望。

没想到他出差回来后，厂革委会主任朱凤山告诉他：启后，恭喜你，这次晋级，你全票通过，是唯一一个全票通过的。

刘启后心存感激。于是他就更加努力地学技术、虚心地向工人师傅们学习。

赶鸭子上架

1969 年 3 月，隆回机械厂当时负责军用汽油发电机组的生产任务，其他各个零部件的加工生产都已完成了，唯独传动机械中的关键部位——三动齿轮没有生产出来，成了整个生产中的一道难题。

关键时刻，省军区从北京调拨了一台万能铣床，运到隆回县机械厂，厂里领导和工人们欣喜若狂。

但很快领导们又犯难了：这么一台高级铣床，大家从未见过，谁又能操作呢？

这台铣床难道成了木烧饼？

厂领导几经讨论筛选，最后决定让刘启后去邵阳机械厂学习。厂里开出介绍信后，厂书记黄镇亲自把介绍信递到他手中，在他临行前对他说："厂里高度信任你，给你半个月的时间，你要铆把劲啊！"

在工厂做铣工要三年才能出师。当时厂里流传着这么一句口头禅：紧车工，松钳工，懒刨工，吊儿郎当干电工，聪明人才可干铣工。而且，铣工在动手之前就要先计算。现在半个月要他学好铣工，他感到有一股空前的压力。

他拿着介绍信匆匆到市机械局报到。当他找到市机械局领导说明原委，请他们转介绍信到邵阳机械厂去的时候，李科长看了介绍信后哈哈大笑："你们厂里是派你来耍把戏的吧？人家学个铣工要3至5年，他们却只要你学半个月，开玩笑！你们厂里是把你当天才呢！"

刘启后说："时间是有些短，但我们现在承担的任务紧急，必须先学螺旋齿轮的加工任务。"

科长说："莫说螺旋齿轮，就是直齿轮你能在半个月内生产出来，你就是天才了。"

在刘启后的再三请求下，科长才在介绍信上签字：请邵阳机械厂接洽。

刘启后兴高采烈地拿着介绍信去邵阳机械厂，找到生产办主任说明来意。

生产办主任接过介绍信一看，瞟了一眼刘启后，冷冷地说："我们厂没有这个水平呢！半个月就学出铣工来？"

刘启后又把工作的紧迫感、重要性说了一番，一再强调上级要求他们厂里要拿出产品向国庆献礼。在那个年代，只要说是军工生产，大家都要支持。

生产办主任无奈地打电话把加工生产车间罗主任叫来。罗主任一进来，生产办主任就对罗主任说："隆回派来的这个小青年工人说来我们这里学铣工，要求半个月内学好，你就看着办吧。"

从他们的对话中，刘启后听出罗主任是隆回口音，心里暗自高兴，就跟他套近乎。从谈话中，得知罗主任的文化水平也不高，但却是一个十分真诚的老乡。

罗主任见启后是家乡来的，无形中很亲切。但只学习 15 天，时间实在太短了！

当罗主任把他带到车间的时候，这个师傅不肯带，那个师傅也不肯带。怎么办？

罗主任把他带到一个姓雷的女师傅面前说："这个小刘要跟你学十几天铣工，然后马上要回去进行军工生产。厂里决定由你来带，你要好好带他哦。"

这个雷师傅眼皮都不抬一下，一句话也不说，只顾开她的机器。

刘启后在自己厂里，早已是受大家尊重的师傅。但在这里，却受到了冷落，尤其在雷师傅面前，竟如此渺小，受她的冷眼，但为了学技术，他只能放下自己的身段，在雷师傅面前唯唯诺诺。问她一个什么问题，她要么不答，要么说不晓得；问她借书看，她也是干脆地回答："没有。"她大约从骨髓里就瞅不起眼前这个充狠的隆回小伙。

无奈之下，刘启后只能集中精力认真观察她的加工方法，并厚着脸皮，死死守在师傅的机床旁，一边看师傅操作，一边加冷却液，一边帮师傅及时打扫机床上的铁屑。下班后，把师傅的机床从头到脚擦洗得干干净净，连地脚螺丝都擦得放亮光，工具箱里的刀具、夹具都分门别类整理得非常好。

到了周末，全厂机床养护大检查评比中，女师傅的机床头一次获得"红旗机床"荣誉称号，车间主任前来祝贺，启后头一次看到师傅露出了笑脸。

见师徒关系有所松动，趁师傅高兴的时候，启后开口向师傅借书看，师傅依然保守地说："我没有书呢！"

在这种无奈的情况下，他只好等师傅下班后继续留下来，与其他师傅聊天、套近乎。

厂里有一个从北京下放回来的八级铣工，刘启后非常羡慕，也很崇拜，希望能从他身上学点东西。哪知就算本厂其他师傅碰到难题向他请教，他都会婉言谢绝，更不用说外厂的刘启后了。据说他从北京下放回来，其老婆一直没有工作，谁要向他请教，他就以谁能给他老婆解决工作为前提，要么免谈。

在交谈中，这师傅发现启后求知欲望强烈，便教了他一些铣工方面的皮毛。启后再细究下去，这师傅就不说了。

由于启后一天跟两个班，师傅们对他一致好评，其中一个姓熊的师傅见启后聪明又肯干，就借一本书给他，这是一本苏联出版的关于铣工方面的书，启后如获至宝。由于他一天要跟两个班，下班后还要走两三里才到旅社，已是晚上一点多了。加上那几天连续停电，他只好买回蜡烛点了，借着烛光抄书，连续 3 个晚上，他才把所有的公式抄完。

第九天，厂里催他回去。在前八天，他连机床都没摸过，哪里知道怎么开呢，任务紧张，他只好接手。在工作前，他先要熟悉结构，只好先把机床盖打开，对着说明书详细了解机床的结构图纸和运行模式，接着就要熟悉图纸，然后着手计算，好在中学时期他的数学基础特别好。为了计算，他熬了 2 个通宵，使用 3 种计算方法，以确保准确无误。

接下来就是与机床配套的分度头的结构原理和使用，它是加工齿轮的必用附件，他对这个分度头图从未见过，犯难了，让他大费脑筋，怎么计算？怎么挂轮？怎么配合机床使用？道道难关延误了他宝贵的时间，接着就是刀具和夹具的准备。

他费尽心血，眼看就可以加工了，但成功与否，他实在没有底。大姑娘上轿头一回，慎重起见，他又重新验证一次。在确认无误的情况下，他充满信心，又忐忑不安。终于开机工作时，虽然时间很晚了，但还是有很多人留下来看他工作。有的为他捏一把汗，有的对他充满信心，大家拭目以待。开车试运行以后，机床和工件基本按启后的预算顺利进行，齿坯上留下的齿痕和齿速没有任何差错。他大胆进刀，一尺一尺地去进行，晚上9点多钟，他的第一个螺旋齿轮加工完毕，他心中暗喜。

谁知道当他仔细观察时，发现最后一个螺旋齿轮竟要比其他齿轮大一丝，他立马将工件卸下来，反复分析、判断问题到底出在哪里，终不得法。但大胆走出的第一步，显然有较大成功，无论是齿速还是螺旋角度都是按书上图纸来的，没有错，只有最后一个齿偏大，这对从未见过铣床加工的年轻工人来说，已经是很了不起了。

面对这一高难度的问题，他反复思考，始终没有找到原因。

他突然想起邵阳的那个8级师傅，于是提起这个亲手加工的齿轮，冒着黑夜就要往邵阳跑，在公路边站了好久，好不容易来了一台货车，他拦住车子，向他讲军工生产的紧迫性，好话讲了一大堆，那个好心的司机才终于答应把他带到邵阳。

他心想只要一到邵阳，就可以找到那个师傅。找到那个师傅，就可以请他分析原因，知道问题到底出在哪里，就一定能解决这个问题。

那个师傅看到启后提着个螺旋齿轮来了，大吃一惊，先没有帮启后分析原因，而是大声地把一个学习了五年铣工的年轻人叫过来："你来看，隆回的这个小刘连机床都没有摸过，在我们这里虽然说学了9天，可又有哪个师傅教过他呢？仅9天就回去了，没想到他还真加工出了一个齿轮，而且还是螺旋齿轮。你学5年了，连一个直齿轮都还没有加工过。"

"小刘，你真是一个天才，了不起!"

说完，他拿着这个齿轮左看看，右看看，无论从计算上，还是螺旋角度上，都没有错，分析来分析去却没有找到原因。

最后他说："我没有在你身边，没有看到你怎么加工，所以不知道问题到底出在哪里。"

启后估计师傅还是有保留，便不再多问。

他看到邵阳师傅不给标准答案，没办法，只好把这个螺旋齿轮又提回来。

回来后，他再反复观看，仔细验算，都找不出问题。突然一个激灵，他联想到手柄的反复的正反摇动，可能会出现累积误差，使得最后一个齿轮就大一些。

他另外切了一具齿坯，重新加工。每铣一个齿，都非常谨慎，进齿时迅速将手柄按顺时针方向摇过，退刀逆时针摇时，就多摇两圈，这样就消除了每一个齿的手柄摇动的误差，消除了每一个齿的误差，就没有了累计误差。

工件加工完，取下来检查，完全合格！他的喜悦心情无法用言语表达，在场的领导和工人们个个对他赞不绝口，都说启后是一个天才。

　　在技术封锁的时候，他每弄到一本书，都像一头牛跑进了菜园，常常是废寝忘食，甚至是通宵达旦地学习。

　　工友们说，没有一定的信念，没有吃苦耐劳的精神，是不可能取得这些成绩的，正是他的勤奋执着，最终使他成了隆回的铣工王。在自己没有当过学徒的情况下，他却带出了一大批铣工。

北山支农

隆回北山历史悠久，早在春秋战国时期就有先辈在这块美丽而富饶的土地上繁衍生息。到唐宋时期，这里耕种的田地已初具雏形。该地处于湖南有名的衡邵干旱走廊，三年两头旱，农业受气候的制约，丰年温饱尚可，灾年难以果腹。20世纪60年代末，党和政府大办农业、大搞水利建设，掀起了农业学大寨的高潮。

1970年，刘启后抽调到隆回县学大寨典型北山公社支农工作组。他白天要同社员们一道劳动，与他们一起挑土、打夯、抬石头、砌石磡。伴随着高音喇叭播放的激昂歌曲，他肩上挑着百十来斤的担子忽闪忽闪，大家都对这位个子并不高的工人老大哥竟如此有耐力感到吃惊，他双手一摊："我这可是童子功哦!"说完，把扁担一甩，顺势翻一个空心筋斗，惹得大家哈哈大笑，顿时消除了疲劳。

晚上回到驻地后，又要刻钢板、印油印、出宣传简报，还要帮宣传队排节目。雨天，其他人在休息，他又要去人家板壁上写宣传"农业学大寨"的标语。

历时三个月，虽然工地离家只有 5 公里，但他从没回过家。从公社干部到农民，都说"县里给我们派来了一个后老师"。他对大家说："你们就叫我老后吧，因为我老是落在你们后面。"

挑战权威

刘启后有一个习惯，不管在外出差多久，进入工厂大门后，他一定是先进车间，然后再回家。

他们厂里有次加工一个零件，已经报废三个了，如果还报废一个，整个车间就要被追究责任。正在这个时候，刘启后从外面出差回来后就到车间上班了。

工人们像盼来了救星，他们纷纷围过来要刘启后释疑解难。

刘启后接过图纸一看，也不问这是谁设计的，就拿来一支粉笔在地板上算起来，通过一番计算后，他站起来说："不要加工了，再加工还会是废品。"

那个工程师听了后很生气，大声问："谁说的要报废？"

刘启后接着说："刚刚是我说的呀！难道你没听到？"

"你说的要报废？你知道吗，这是书管的。"

刘启后心想：哦，你是大学生，你是书管的，但我又不知道是谁设计的。他又补充了一句："我讲要报废就要报废。"

"啊？你还在说要报废？那我们去看书，书上是这么写的。"

"嗬——"工人们起哄了。

"我们去看书，到底看是工程师的答案是正确的，还是我们后老师的正确？"

一群人像看大戏似的，跟着工程师到二楼资料室去。

工程师气冲冲地拿出一本厚厚的书，翻到某一页后折好，摔在刘启后面前。刘启后看都没看书，只是对这位工程师说："书呆子哎，你抄公式都抄错了，你漏掉什么了，你知道吗？"

他又接着说："一个齿轮，连齿隙都没有，能转得动吗？齿隙是什么？书上用 c 表示，你的公式上连 c 都没有，产品能不报废吗？"

这位工程师抢过书看后恍然大悟，忙说："哦，搞错了，搞错了。"

刘启后接过书说："这本书我看过好几遍了，你以为我真没读书？"

工人们又"嗬"的一声走散了，还有的说："我们后老师又赢了！""启后是常胜将军。"

此事为厂里挽回了经济损失，也抢得了加工的进度，没有影响生产。

由于刘启后勤于动脑，勇于创新，该厂掀起了技术革命的高潮。1971 年，他获隆回机械厂"技术革新能手"称号，并破格晋升工资一级。

刘启后在机械厂不只是关心生产，还主动抓民兵工作、工会工作，按他自己的话来说，就是要干一行爱一行，干好一行。

重操旧业

他下班后，把工会工作也义务做好，用他自己的话来说，随便干什么，都要想办法争第一。正是有他的这种精神，当时市里的一些示范工作都会放到县机械厂来搞。

1969 年春，隆回县里要筹办《毛泽东光辉形象展》，经隆回县革命委员会集体讨论研究，层层选拔，老后被推荐前往北京洽谈相关图片展品和学习办展事宜。这是启后人生头一次走进京城大都市，并且正式步入艺术的殿堂。自此多年，省市主管部门曾先后 13 次抽调美术设计功底较好的老后，参与长沙、南宁对外交易会、广州交易会、杭州对外展览会、沈阳国际展览会等大型展交会的设计布展活动。

当时工人的文化程度普遍较低，因为文化程度太低就加不上工资，所以为了提高工人的文化水平，厂里想方设法办夜校，来给工人们补文化课。工人们也都想进学习班，于是厂里安排工程师给工人们上课。上课的老师们虽然是高才生，但没有实践经验，只有书本知识。并且工人们的文化水平参差不齐，他们上的课，工人们中有的人听得懂，有的人听不懂，慢慢地从原来的几百人听课，到最后只剩下几个人了。

刘启后出差回来后，工程师拿出他的备课本对刘启后反映情况："真是的，你看我的课备得多好，你检查啰。我这么认真，他们竟然不来听。"

"你课备得好还只是一方面，还要学生听得懂。"

"他们这样听课，我以后要保证他们个个打零分。"

"个个打零分？那你这当老师的就失去意义了。"

这个工程师说："我不上了，我奈不何。"

当天下午，刘启后在厂大门黑板上写上：文化补习课继续上，主讲人：刘启后。

当天晚上，工人们又都回到教室里。刘启后从最简单的讲起，工人们听得津津有味，不停地做记录，还时不时地点点头。刘启后将一些看似难懂的东西，通过他的一些风趣幽默的话表达出来，教室里不时传来哄堂大笑。一堂90分钟的课，工人们觉得很快就过去了。

自此以后，工人们下班后，都迅速来到教室，抢占最佳位置，生怕落下了每一句话。遇到不懂的，下课后还要刘老师再讲一遍。

讲了一段时间后，刘启后要进行总结了。他把初中至高中的数学公式抄了满满7张大纸贴在教室后面的墙上，逐一进行讲解。

工人们惊呆了：刘老师的记性真的好，7大张纸，数百个公式，刘老师没看书，竟然没讲错一个。

有的说："刘老师这么用功，我们每个人不打80分以上真对不起刘老师。"

有的说："我们打80分以上的，每个人要杀一只鸡给刘老师吃。"

刘启后说："打80分以上的每个人杀一只鸡给我吃，那我哪吃得赢哦。只要大家考好了，老师比吃什么都高兴!"

在刘启后的努力下，隆回县机械厂有相当一批工人的文化水平得到提升，工厂的生产力得到大幅提高，该厂也多次被市县评为"成人教育先进单位"。

上班时，他会认真加工好每一个零件，下班后他也在厂里，帮助文艺宣传队，教他们识谱、唱歌、拉二胡、吹笛子、弹风琴、当编剧、当导演。宣传队要排练了，不用发通知，他只要在食堂门口把两个手指放在口中一吹，大家就会自动地来。在他的带动下，厂里的节目繁多，还会到各厂矿去慰问演出。

外出演出都是自己掏腰包，当时岩口有驻军，春节前，他们准备去演出，同驻军首长对接。首长高兴得不得了，问："要不要我们派车来接你们? 两台货车够了吗?"

他同宣传队员们一商议，大家觉得不用部队来接，自己走路去吧。

于是，他们都把各种道具分摊到每一个人，男演员力气大一些就多挑一些，女同志力气小一些就少挑一些，就这样大家举着毛泽东思想宣传队的牌子从县城出发了，一路上唱着歌，情绪高涨。

第一天，他们走到周旺，当晚在那里义演了一场，并住在那里。

第二天，他们从周旺走到滩头，又在那里义演了一场。大家看了很高兴，说演得很好，观众的良好反响极大地鼓舞了宣传队队员们的士气。

部队领导知道他们已经到了滩头了，就打电话给他们，要他们今晚好好休息，明天早上吃过早餐部队派车来接他们。

宣传队的同志们听说部队要开车来接他们，他们就商量要给部队一个惊喜。于是，他们在凌晨3点就起床从滩头往岩口赶，沿线没有路灯，他们也没有手电，就这样高一脚低一脚往前赶，到达部队驻地大门前天还刚刚蒙蒙亮。

部队政委正在安排车子准备去滩头接他们时，他们已到大门口了，让政委大吃一惊，并对他们这种不怕苦不怕累的思想大加赞赏。

吃完早饭后，他们就开始布置舞台，部队从干部到战士每人一个小马扎在大山坡上观看演出。演出一段时间后，天上下起了小雨，首长问："怎么办？"

刘启后说："只要解放军能坚持，我们就能演出。"雨越下越大，水从山上往下流，漫过了他们的小马扎，把大家的屁股都打湿了，即使是这样，大家没有一个人打雨伞，像千百个雕像一样一动不动地坐在那里观看。笛子独奏时，雨水把笛子的笛膜给打湿了，演奏的同志只好把笛膜拿到灯下去烤一下，然后接着吹，但没过多久，笛膜又打湿了，当时部队的同志都要吹笛子的同志放弃这个节目算了，但演员硬是不同意，到火上烤一下又接着吹，就这样断断续续，坚持把这个曲子吹完。

吃过晚饭，部队为了答谢他们，又安排他们的宣传队为隆回县机械厂宣传队的20多个人表演了一场，并安排100多名战士陪同他们观看。刘启后一边使劲地鼓掌，一边在默默地记住部队战士们舞蹈的编排技巧、话剧的语言内容，一场戏下来，让他受益匪浅。观看完毕，他发表了观后感，高度赞扬部队的节目演得精彩，与宣传队的节目对比，让他们找到了自身的差距，应该好好向战士们学习。这次慰问演出，与战士们近距离的接触，让大家深深感受到了战士们的严密组织纪律性，此后宣传队的组织纪律性也极大增强了。

初识瑶山

在湖南隆回县境北部茫茫的大山深处，居住着一支古老部落，人称花瑶。他们砍树建房，垒石筑寨，刀耕火种，顽强地繁衍生息，至今仍有7千余众，他们世世代代都在这赖以生存的特殊山寨里，忠实地承袭着他们先祖最最古朴、纯真、鲜活、地道的民俗、民习与民风。

1978年冬，上级领导到虎形山瑶族乡慰问特困群众，老后被抽调去从事摄影。

在冰天雪地的崇木凼，他看到了一座破旧的小木屋，有门框却没有门。当时，一个4岁左右的女孩和一个1岁多的男孩，蹲在灶膛边，打着赤脚，双脚冻得通红。用两块石头搭建的灶膛上，架着半边铁锅，锅里热着一点苞谷饭。

爱好摄影的老后，看到屋角蹲着一只黄狗，他自言自语地说道："如果狗趴在两个小孩身边，肯定能拍一幅好照片。"

公社干部听他这么一说，从女孩手中拿过锅铲，到半边锅里铲了一坨苞谷饭倒在孩子身边，黄狗很快就走过来了。

那一刻，女孩张了张嘴，用异样的眼光环顾四周，想说什么却什么也说不出来，最后咬着牙盯着家中那只正在啃苞谷饭粒的黄狗。

"那种眼神是我几十年来未曾见过的。"老后后来回忆说，他手中照相机的快门怎么也按不下来。

一眼看过去，卧室里有张床，但没有垫被，床上的那床破竹席上，只有一床叠起来枕头大的被子，还满是补丁。一家六口，仅有这一张床，老后无法想象这一家每个晚上是怎么度过的……

临走时，老后把他身上仅有的10多元钱全部掏出来递给女孩，那是他当时半个多月的工资。老后想着被狗啃了的那一坨饭，感觉喉咙仿佛被什么堵住了。他不敢再看女孩的眼神，从破旧的木屋里"逃"了出来。

"那种极度的贫困，深深震撼着我。"在后来的多个场合，老后重复着这一句话。用他夫人朱春英的话来说："从此他被瑶山勾去了魂。"

1980年的一天，老后背着相机，搭乘一辆拖竹子的便车，从隆回县城一路颠簸来到瑶山，下车时正见满天彩霞，他唯恐太阳

初识瑶山

落下去了，一下车就往山上跑。

卡车司机摇下车窗玻璃朝他喊："明天早上我在村里按车喇叭，你循着声音找过来，到时不来我就走了啊。"

"要得！"老后回过身来朝司机摆了摆手，没命地往山顶跑，他如夸父追日一般，在努力追赶太阳。

当时还是壮年的他，也跑得气喘吁吁，到达山顶时，整个西方一片嫣红，夕阳剥去刺目的硬壳，火红纯净，正缓缓往下坠。老后看得入了迷，一个劲地猛拍，完全没有料到冬日的夕阳落下得如此之快，一不留神便从山脊线上滚落下去，只瞬间工夫，眼前已一片漆黑。

老后慌了神，这才想起自己身处寒冬之夜的山上，山上的猛兽随时都有可能出现，他不由得打了个冷战。可下山的路已完全看不清，他的心跳得更加快了。

他站定脚四处张望，寻到对面半山腰上有一点亮光，心中一喜，手攀柴草，朝着亮光的方向慢慢地移去。

摸索着到达灯火处时，夜已经深了。

这是一座杉树皮搭成的茅屋。老后借着门缝往里瞧，一男一女两口子，正在火膛边抱着孩子吃饭。原来从远山上看过来的这个灯火，是燃烧着的火膛。

敲门进去，这对夫妇对深夜造访的陌生人很吃惊。此时的锅内有一小碗苞谷，他们请老后吃，饿极了的老后便也不客气了。

吃完苞谷后，老后向他们借宿。夫妻俩羞涩相望，久久没有出声，最后还是男主人开口道："睡处太差，请您莫嫌弃。"

能够被人收留，老后已经很知足了。

男主人将他带到房间，点亮家中唯一的煤油灯放到他床头，轻轻带上房门出去了。

老后来到这称作"床"的地方，床的四个角是用土砖垒起来的，四周用四块板子围着，算是床框吧，一床被子上满是油垢，"又臭又烂"。

老后虽有顾忌，但疲倦已让他顾不了这么多。他用衣服包住被头，用衬衣袖子遮住口鼻，使自己尽量不吸入异味，勉强躺了下去，可整个身体仿佛钻进了冰窟里。"虽然很累，却怎么也睡不着。"苦孩子出身的他，怎么也想象不出来，竟还有这么穷苦的人家。

凌晨3点多，老后起床小解，推门一看，却见主人一家3口坐在火塘前打盹。

"怎么不睡觉呢?"老后吃惊地问。

"我们只有一张床，一床被子。"男主人不好意思地说。

老后震惊极了，满心歉疚，忙让他们进屋去睡，说自己睡了几个小时，已经睡够了。可这两口子却怎么也不肯，一定还要他去继续睡。

望着家徒四壁的房子，老后觉得心酸不已：这两口子的所有家当，都抵不上他身上的衣服和相机，但他们却将唯一的一张床让给了一个素不相识的陌生人睡。老后既感动又心痛，顿时，泪水充溢双眼。老后睡意全无了，他穿上衣服，让主人家两口子带着孩子去睡了，老后一个人坐在火塘边烤火。昏暗中，他连这一对夫妇的长相都没有看清，加上他是第一次到这个地方，以至于后来多次想去感谢他们，却找不到地方。老后后来每每提到这件事都一脸的愧疚，但这也一直成为老后一辈子奉献给瑶山的原动力。

汽车喇叭的鸣叫声响起，怕赶不上车的老后抓起相机就往外跑，都没来得及跟他们好好道别，更没有为这一家人拍下一张合影。他跳进瑶山清晨的大雾里，朝着喇叭声音传来的方向跑去。老后的第一次瑶山之旅就此结束。

老后后来回忆道："他们不知道我是好人还是坏人，却把家里唯一的一张床让给了我睡，他们的朴实与善良深深地震撼了我，甚至是影响了我一辈子。"

他在思考：这究竟是一个怎样的民族？这究竟是一群怎样的人？这是一个怎样的地方？这里，肯定有它独到的东西。能否挖掘、推荐它的文化？是否可以搞旅游开发？一连串兴奋的想法，在老后的脑海中喷涌而出。从此，他把瑶乡当故乡，把瑶民的家当自己的家。

他早期去瑶山，山上连机耕道都没有，山民们住得分散，要好远才有一户人家，而当时好多人都要靠在山下讨米维持生计。刘启后常常在山上一天到晚粒米未进。

有时没地方住了，他就找一个稻草堆，从中间扯一把草出来，钻进这个窟窿蜷缩着身子以抵御呼呼的北风。

虎形山瑶族乡大托村原村支书沈德度是老后几十年的老朋友，20世纪80年代，老后还在他家里度过了一个春节。"当时，他来瑶山采风，因为忙着拍摄忘记了日子，只好在我家过春节，第二天走时还给我留了一张纸条：德度，对不起。"沈德度说，那个时候，瑶家人过春节一般不接受外人，老后知道这个习俗，所以感到不好意思。从那之后，两人成了亲密的朋友。

为了挖掘、推介瑶山的文化旅游资源，老后在沈德度的陪同下，走遍了村里的每个角落。

一次在大山中，老后口渴了，便扯了路边一个萝卜，当时萝卜也才鸡蛋大。他把萝卜用萝卜叶子擦一下就开始咬，每次只咬一点点，走了一天，吃到最后只剩下一个萝卜屁股了，就顺手把它丢了。但一丢出去，他又后悔了。他想：我要把它带回去给春英看，我今天一天才吃这么一个小萝卜。他又走回去把这个萝卜屁股捡回来，带回家给妻子看。春英的眼泪立马就滚下来了，她埋怨丈夫："你何必啊，到外面去吃这样的苦？你这样糟蹋自己的身体，你就不为我们母子三人着想吗，你身体垮了，我们怎么办啊！"

他替妻子揩干眼泪，嘿嘿一笑，算是回答。

他有一个特点，凡是人家拍过的地方，他不去，非要选人家没有拍过的地方。有一次，他与匡国泰一起去，后来两个人走散了。他准备从一个石坎上跨过去时，用力过猛，镜头盖掉到水里去了，等他去捡镜头盖的时候，一条好大的蛇盘旋在石坎上，正吐着好长的舌头盯着他，吓得他好久都不敢动。

有一次，他打了一个手电筒进竹林，一只体型庞大的狗从后面趴到他的肩上。他吓了一跳，手电筒掉到地上，他就蹲下去摸手电筒。这只狗大概以为他是要在地上捡石头砸它，它立马扑追过来把他狠狠地咬了一口。

他捂着伤口，摸索着就近找到一户人家，请他们快开门，告诉他们，他被狗咬了。

主人一听是老后的声音，急忙打开门，点了灯一看，只见他腿上鲜血直流。

主人家的儿子知道是自家的狗咬的，气愤地说道："刘老师也咬得的？"说完抄起一根扁担就要去把狗打死。

其父制止了他，说："现在不是打狗的时候，马上到山里去给刘老师找药！我的药非常好的。"说完他立即安排老婆烧水泡茶叶水给后老师洗伤口，父子俩则到山上找草药。主人把几种草药找回来后放到口里嚼烂，嚼得口里绿水直流，然后敷在老后的伤口处，要老婆找一块烂布把老后的伤口包扎好。

时值冬天，老后坚持当晚必须赶到虎形山，只有这样第二天才能赶回县城打狂犬疫苗。他立即给妻子朱春英打电话，要她到县防疫站看是否有狂犬疫苗。如果没有，明天清早要安排人去邵阳买，以确保 24 小时内能打上狂犬疫苗。

那个时候的车子很少，村干部听到后老师被狗咬了，也很着急，立即起来，多方为他联系车子。好不容易才联系到了一台手扶拖拉机，可拖拉机买回来司机才开了 6 天，他白天操作都很勉强，更何况现在是要深更半夜驾驶。但现在别无选择，老后走到手扶拖拉机旁是又喜又怕，如果司机没开好，掉到哪个山沟里去，死在哪里都不知道，但此时已别无他法，老后只能硬着头皮上了。寒风刺骨，老后在拖拉机上冻得直打哆嗦。

车子开到虎形山乡政府时，已是凌晨 1 点多钟，他来到一家旅店前面，用力打门，把店老板吓了一大跳！店老板大声问："干什么的？"

"住店的。"

店老板把门打开后，老后忙问："你家有热水吗？"

"有热水。"

店老板看到他冻得浑身直打哆嗦，将一大锅水分别倒在脸盆和脚盆里，让他双手浸在脸盆里，双脚放到脚盆里，再用一床被单让他把双脚罩住，并继续烧水，不断往脸盆、脚盆里加热水。过了半个多钟头，他才回暖，手和脚才有了知觉。

为了挖掘、推介瑶山的文化旅游资源，老后在沈德度的陪同下，走遍了村里的每个角落，甚至连每一个石头都编了号、为石头写了文章。"这是原生态的资源，要保护好，不能被破坏。"老后的话，现在还时常回响在沈德度的耳边。

初上瑶山，满眼都是风景

另类父亲

1981年冬，为磨炼两个孩子的坚强意志，老后率11岁的儿子刘丹和9岁的女儿刘爽，携了各自的行装，选择在下着鹅毛大雪的正月初二出征，每天步行十多千米，向九龙山林场进发。第一天，他们从县城经雨山到达周旺，第二天到达滩头，第三天从滩头经马头山到达岩口，第四天从岩口开始爬山。当时天上下着鹅毛大雪，为了防滑，他带着两个孩子来到田中的草垛边，每人扯一把草，教他们搓草绳。两个孩子原本就不会搓，现在两双小手冻得通红，哪里还搓得动？他不急不躁，把两个孩子领到附近农家，让他们先烤烤火，恢复一下知觉，然后把草拧软再交给他们，反正草绳还得他们自己搓。两个小孩不敢违抗父亲的"命令"，只得用近乎麻木的手搓着草绳，由于从未搓过草绳，加上力气小，搓出的草绳松松垮垮，为了确保质量，老后接过孩子们的草绳再拧几把，算是精加工。为了防止袜子被打湿，他要两个小孩每只脚上套上一个塑料袋，把塑料袋再拉到膝盖上，用带子扎好，再把草绳缠在胶鞋上，每人手里再拄一根拐杖，就这样全副武装出发了。膝盖深的大雪，孩子们每走一步都很难，走着走着，走累了，两兄妹都不愿意走了。

"你们不是喜欢听我讲故事吗？"

"喜欢！"兄妹俩异口同声。

"要听我讲故事，那就得边走边听。"老后又用启发式教学了。

为了听故事，兄妹俩只好艰难前行。可听着听着，腿又不听使唤了，而爸爸的故事却还没有讲完。

"爸爸的故事怎么还没讲完啊？"女儿终于沉不住气，向爸爸抗议了。

哥哥也希望爸爸的故事早点讲完，这样他们兄妹俩就不用再爬山了。但他毕竟比妹妹大2岁多，懂事一些，不敢向爸爸抗议。听到妹妹这么一说，他抓住妹妹的手捏了捏，算是认同妹妹的话，更像是鼓励她继续说。

妹妹却不懂，见哥哥不说，她也不敢再说下去，只好跟在爸爸身后咬牙坚持。

在老后的带领下，三个人总算来到了九龙山林场场部。场部的职工们看到这大雪封山的天气，这三父子竟然爬上来了，一个个惊讶不已，烧好水给他们三父子泡脚，做好饭给他们吃。

泡了脚，吃了饭，兄妹俩又活跃了，在林场场部门前的坪里打起了雪仗。老后立刻端出相机，拍下孩子们欢快的一幕。

在林场的公铺里，父子三人安顿下来，听到屋外大风呼呼地刮着，树枝被雪压断的声音把女儿吓得缩成一团。老后告诉女儿：我们在房里是最安全的，不用怕！做人要勇敢些。

次日早饭后，老后还要带一双儿女去冲刺九龙山山顶。场部的职工们都劝他这次放弃算了，等下次天气好再来，别把孩子们累倒了。

老后说："我就是带他们出来吃苦的，艰苦的环境才能磨炼他们的意志。"

兄妹俩只好继续跟着爸爸去吃苦。在空旷的山野中，只有他们三个人的身影，真的是千山鸟飞绝，万径人踪灭，陪伴他们的只有怒号的北风和皑皑白雪，听到的只有不时从树枝上掉下来的雪块的落地声。

爬了几个山坡后，女儿刘爽又走不动了，老后又开始讲故事了。

听了几个故事后，女儿不耐烦了："爸爸，您的故事怎么那么多？我不听您的故事了，我也不走了！"她一屁股坐在雪地上。

"你真的不走了？"

"真的不走了，您带哥哥上去吧。"女儿很坚决。

"大雪封山，山上的野兽刚好没有什么吃的，你就不怕被野兽吃了？"

父亲的这一招让女儿害怕了，她怕被野兽吃了，表示同意继续走，并要哥哥走前面，爸爸走后面，她只走中间。

兄妹俩不知听爸爸讲了多少个故事，总算到达了山顶。

山顶的风更大！哥哥怕妹妹被风吹走，紧紧地攥住她的小手不放。老后想拍一个三个人的合影，可相机根本放不稳，一松手，相机就被风吹动了，随时会被风吹到山下去。他扒开雪，抠出两块石头，把相机夹紧，然后照了一张三人的合影。他告诉儿女："我们在雪天艰难而骄傲地征服了隆回的第四高峰——九龙山。"

巴东之行

一天，厂长陈恒来到老后家，对他说："启后，湖北巴东水力发电厂欠我们的货款好多年了，一直没有追回，为了要债我们的差旅费都花了不少。这一次他们不但不给我们货款，还写信来要我们自带干粮去为他们修水轮机。如果不去修，会影响整个巴东的用电，到时让我们后果自负。我们想来想去，派人出去这么多趟了，都没有作用，因此，这一次想请你去一趟巴东。"

当时朱春英正好在家，听到要启后去巴东收款，她不知道从哪里来的勇气，对厂长说："平时派启后去哪里，只要他自己注意就是了，我没有意见。但现在年关将至，正是我们照相行业最忙碌的时候，我们家的情况您又不是不知道，他出去了，我们三娘崽饭都不得到一口，更何况启后又不是销售科的。"

厂长理解春英的怒气，他笑着说："你家的情况我当然知道，但这一次情况特殊，就这一次，以后我们尽量少安排老后出差。"

厂长话说到这个份上，春英也不好再多说了。

第二天，老后同电修工肖光中一起去巴东。

他们两个都是第一次去，没有客运，也没有其他车辆通行。

两人找不到路，只好到当地请了一个向导带路。但这里根本找不到路，好深的茅草，向导带他们在茅草中穿行。远远看去，前方好像有一个山洞，洞中似乎住了人。

老后一行走到洞前，里面果然住了母子二人。

对于他们的贸然到来，母亲显然警惕性很高，拒绝与他们交谈。

老后笑嘻嘻地走上去说："我们要去巴东水电站收款，找不到路了。"

这时老太太才放心了，对他们说："要是早来半小时，会把你们吓死去！刚才来了一只豹子，任我们怎么敲脸盆、敲锅盖，它就是不退去，最后把我们栏里一头50多斤的猪叼走了。"

一席话让老后一行人听得毛骨悚然！

老后说："到这时我们也还得向前走！这样吧，我们每个人手上拿两个石头，如果豹子来了，我们先用石头把豹子的眼睛打瞎，然后我们就跑。"

肖光中笑着说："豹子这么敏捷，还会给我们机会扔石头？"

话虽这样说，但每个人左右手还真都拿着一块石头。

说着说着，他们三人发现前方有一条长带子，他们拿着石头的手心明显出汗了，每一根神经都绷紧了，屏住呼吸往前一看，竟是一根长长的猪小肠！那只被叼走的猪只剩下一个猪头和一根猪肠子了。

豹子就在附近！

三个人六只眼睛真的眼观六路了，他们把手中的石头攥得更紧了，一有风吹草动，手中的石头就会飞出去。

向导无奈地说："早知如此，我到家里拿一支猎枪来就好了。"

但已经走了这么远，不可能再回家去拿猎枪了，否则又要耽误一天。

他们只祈祷豹子快点走远，心里老在催：快点走，快点走！

在路上，每走一段路就会碰到一段水面，就又要央求他人背过去，好在当地人很淳朴，背他们过去从不问报酬，让老后他们心存感激。

好不容易来到水电站，老后向他们了解情况，他们满肚子怨气，好像机器到处都是问题。

老后和肖光中一边听，一边仔细地检查机器，就这样弄了几天，把机子修好了。

老后想：这机器没什么大问题啊，这点问题不影响抽水和发电，为什么老是收不到钱呢？这里面肯定还有什么问题，他到处找线索。

他来到厂办公室，看到墙壁上的布袋里有来自隆回机器厂的信封，他取出一看，大吃一惊：原来厂里有内奸！

他拿出相机，把信放在桌子上，咔嚓咔嚓把信的内容拍了下来，又把信放回了原处，立马离开了这里。

晚上，他在相机里认真看了这封信的内容，他感到很愤怒，自己厂里的工人寄出这样的信，还讲要自带干粮……难怪收不到钱啊！

第二天，老后向电站的领导说："我们这么大老远来，把机器修好了，现在你们要把钱给我们了吧？"

电站领导说："别着急，钱要付给你们的。你先同我到一个朋友那里打一转，回来后我再给你们。"

老后想：是不是他们又要要什么名堂？但要我们去还得去。

老后他们两个人跟着这个电站的领导走，不知走了多远，终于到了。

原来是这位领导的一个朋友的酒店要开业。这个朋友见他们一行人来了，便泡起了茶给大家喝，大家边喝边聊。酒店老板抱怨道："这么多人给我帮忙，但连一副对联都没人给我撰。"

听到这里，肖光中就来劲了："这还不容易？我们刘师傅是我们厂里最有文化的，经常给人撰对联的。"他知道，今天不完成这个任务，他们是拿不回钱的，所以他信口答道。

这可把老后急坏了，他的脚在桌子底下踢肖光中："好你个肖光中，你真是哪壶不开提哪壶！我什么时候撰过对联呀！"

"我不会撰，我不会撰！"老后脑袋摇得像个拨浪鼓。

电站领导的朋友再三要他撰对联。

"刘师傅，你帮我朋友的忙就是帮我的忙，你不要太谦虚！"电站领导也求他了。

老后知道无法推却了，只好说："那我试试，撰得不好，你们可别笑话我啊！"

他回想起中学时老师向他们传授的撰对联的知识，结合当地的风景和酒店的特色撰写了一副对联，在场的人看了都叫好。

酒店老板得寸进尺了："刘师傅，一副对联太单调了，我有几个门呢，还要请您给我再撰两副。"老后听到这话，脑门心都冒汗了。

肖光中又在一旁拱火了："老后，我们厂里的人都说你是观世音菩萨——有求必应。现在人家老板也在求你，你也要应啊！"

老后一拳打过去，肖光中身子一闪，落空了，肖光中得意地大笑了起来。

老后只好搜肠刮肚又撰两副出来。

电站领导看了之后，伸出了大拇指："惟楚有材，惟楚有材！"

酒店老板又犯难了："谁来给我写对联呢？"

肖光中又说："这个你们就不用急啰，我们刘师傅的毛笔字写得真好！"

老后瞪了他一眼："我哪里用毛笔写过对联啰，写硬笔和粉笔字还差不多。"

酒店老板马上派人安排文房四宝，老后麻着胆子把三副对联写出来。大家看后一个劲地鼓掌，都在说："这个字就写得好！"

酒店老板在开业前，想要酒店热闹一点，于是买回了一台黑白电视机，把房顶的天线架好后，电视上尽是麻麻点点，看不到图像，老板又是很着急。

是不是买回一台坏电视机了？

老后见状，不声不响地爬到楼顶，他围着天线不停地观察，然后把天线不停地调整方向。

这时只听到楼下有人大叫："有图像了，有图像了！"

酒店老板抬头往上一看，见老后正在调天线，他对着老后大喊："刘师傅，谢谢您啦！"

老后在这个酒店所做的一系列事情，让酒店老板大加赞赏。电站领导也认为他带来的人真的不错，他自己也觉得脸上有光。

第二天酒店开业时，来了很多的领导和朋友，酒店老板向来宾们介绍了老后，大家都向他敬酒，让老后着实风光了一次。

回到电站时，电站领导二话没说，二万多元货款一次性汇到了他们厂里的账上。

回到厂里后，厂里一次性奖励老后 60 元钱（相当于他当时两个月的工资）。

老后把他所发现的秘密向领导汇报后，领导对那个销售员狠狠地批评了一顿。自此以后，厂里再也没有这种吃里爬外的现象了。

民心所向

1973 年至 1979 年，老后一直在隆回县机械厂的冷加工车间劳动锻炼，拼命学习车床、铣床、铇床、磨床、钻床、滚齿等二十几种通用机床的生产工艺，成为厂里乃至全县闻名的生产能手，多次荣获"先进工作者"称号。

在隆回机械厂他是一个能人，干什么事情他都会全心全意，工作从不推卸，不分分内分外，家里的事全部都由妻子打理。

原县机械厂老钳工、84 岁的欧阳芳球回忆说："老后任何事情都是出于公心，从不谋私，所以工人们最信服他。有一次厂长安排一个工人去做一个事，这个工人与厂长顶了起来，就是不去。后来老后找他谈，说来也怪，他竟高高兴兴地去了，还说老后要我去做，我能不去吗？厂里任何调皮鬼，只要老后去做他的工作，没有不服老后的。他关心每一位工人。我有一年生大病，他 3 次陪我去长沙诊病。他不只是教育工人，也教育工人子弟，我的几个小孩他都教育过，小孩调皮，我有时候会打小孩，但他不主张打小孩。"

80 岁的退休老工人陈大华对老后的评价是："老后这个人十

分聪明，他干一行爱一行，他做钳工时没有跟过师傅，但干得很好。他只扎实做事，一辈子没有官瘾。"

罗长江回忆道："见到老后亲手做的萝卜雕刻，真正的民间艺术啊，让我大开了眼界。老后说，每年春节要从菜市场买回一批红皮萝卜，全家齐动员，雕好后分送给左邻右舍。回去后，我写了一篇《妙手生花'萝卜刘'》发在《邵阳日报》上。春节后见面时，老后告诉我说，熟人们看到报上的文章了，都跑到家里来，嚷着要吃'萝卜刘'的'雕刻萝卜花'。春节期间，他们一家人加班加点制作，可整苦了喽——我现在仍然记得他当时说这番话时，咕咕发笑，一副乐不可支的样子。"

进厂十多年来，刘启后以其扎实的工作作风，认真的工作态度，饱满的工作热情，良好的工作业绩，赢得了工人们的交口称赞，从进厂时的接受工人阶级再教育，到后来被工人们称为后老师，他的心情也越来越轻松。

20世纪80年代初竞选厂长时，刘启后前四次都被高票推荐，但他都婉言谢绝。第五次，刘启后又是高票推荐，工人们担心他不肯出山，于是一窝蜂似的涌到他家里，把他原本狭小的家挤个水泄不通。

工人们说："老后，前四次你谢绝了，我们也理解你。但这一次，工人们的眼睛都看着你，从全厂发展的角度出发，你再也不能拒绝了。"

工人们一心一意想要老后当厂长，均被他婉拒，他最后出任厂工会主席兼生产办主任。

县里好多次要调他去县直机关，他也不愿去，就想同工人们在一起。他觉得同工人们在一起生活得很好，也很踏实。

这些年，他取得了很多成绩：

1983 年，获"邵阳市优秀工会积极分子"称号，他摄影的作品《留客》《山货》《笠歌》入选"辽宁本溪市、湖南邵阳市摄影联展"，其中《笠歌》荣获二等奖。

1984 年，当选隆回县第八届县人大代表；当选隆回县第一届县政协委员；批准加入湖南省摄影家协会；获邵阳市机械系统技术工人统考中"先进教师"称号；获"邵阳市新闻报道优秀通讯员"称号；《甜甜山泉水》《雾中行》《竹篱》等六件摄影作品入选"湖南省小沙江瑶族摄影作品进京展"。

1985 年，参加全国经理及厂矿长"现代管理十八法"培训7 个月，国家统考成绩合格；摄影作品《满地花》获"湖南省首届农牧渔摄影艺术"三等奖；摄影作品《筑架》入选"湖南省职工摄影作品展"；获邵阳市机械冶金系统先进工作者荣誉称号。

1985 年年底，厂里进行领导班子选举。每天下班后，老后家里又挤满了人，工人们纷纷来到他家，做他的工作，对他说："这一回你无论如何不能让我们失望了，必须站出来竞选厂长。"老后还是摇摇头，说上一声"谢谢"，便不再吱声。

另一个厂长当选后，工人们有的当面羞辱他："又没有谁投你的票，你也当厂长？"

老后听到这样的话，心里很不舒服，属羊的人不想得罪任何人。他记住了一句话：山不转水转，水不转人转。为了让新当选的厂长好开展工作，他决定离开这个让他牵挂的工厂。

如鱼得水

1986年，中共隆回县委决定调刘启后到县委统战部工作，先后任隆回县台湾事务办公室副主任、主任。

从此，他手中的相机发挥出了更大作用。

摄影作品多次获省、市台办系统评比一等奖。

摄影作品《优生与多生》获湖南省计划生育美术摄影大赛鼓励奖。

1987年，刘启后当选隆回县第二届县政协委员；摄影作品《花钱遭罪受》获湖南省报纸系统好新闻作品评比一等奖。

刘启后到统战部上班大约一年，机械厂改成股份制。工人们又到县里请求把老后退回厂里来，工人们说："让老后来，我们把钱放到他手里，就一万个放心。"

有领导开玩笑说："你以为老后是你私人的，你放他走就走，你要他回就回？"

1988年，刘启后的摄影作品《斗笠之乡》获湖南省对台宣传用稿一等奖；由他组稿的《从马宝廷先生精神失常谈起》获湖南省对台宣传二等奖。

老后常说:"在我们身边不是缺少美,而是缺少发现。"无论是下乡还是采风,很多人的相机经常放在包里,老后的相机却总是挂在胸前,并且连镜头盖都一直是打开的,目的只有一个,就是为了便于随时抓拍那些稍纵即逝的画面。因此,他常常能拍出许多别人拍不到的东西,更能以独特的眼光发现一些别人认为是习以为常的画面,经他摄入镜头,再配上独特的说明,便是神来之作,常常给人以意想不到的效果,让人叹为观止。1989年暑假期间,他在下乡的时候,一群水牛正在塘中洗澡,这时一个顽皮的男孩跳入水中,游到这群水牛中间,爬到他自家的水牛背上,憨厚的水牛也任他玩耍。过了一会儿,小孩竟滑到水牛肩上,双手抓住水牛的两只角,把水牛当摩托骑。老后突发灵感,马上抓住这一场景,连续按下快门。回到家里相片冲洗出来后,效果很好。后来,他的这个黑白摄影《水中摩托》被中国摄影家协会授予中国摄影艺术出国作品,送往日本东京参加"联合国第十六届亚太地区摄影展"。

这一年,他获邵阳市对台宣传用稿一等奖;由他组稿的《台湾博物馆收藏湖南滩头年画》获湖南省对台宣传优秀奖、《滩头年画》获湖南省对台宣传用稿一等奖;电视专题《纸乡一日》于1994年2月20日在湖南电视台播出;他还率妻子朱春英、儿子刘丹、女儿刘爽一家四口举办"老后家庭摄影艺术展"。

时任县委办主任的曾令太回忆说:"老后对工作非常尽责,来台办不到一年,他很快就摸清了全县两千多台胞和上万台属的底子,工作开展得有声有色。他还充分发挥自己的专长,主动将隆回的民俗文化输送到了台湾宝岛,台方文化机构为隆回出版了摄影、诗歌、散文专辑,提高了隆回的知名度。老后为了隆回经济建设总是千方百计寻找机遇,走出去,引进来。在他的努力下,先后引进了几家台资企业。台商张栋华曾多次带队考察隆回，都是老后迎来送往，热情服务。张栋华感激不尽，并以个人名义无偿为县里捐赠了一台日本中巴旅行车。老后为了这台进口中巴车多次南下广东，北上长沙，磨破嘴皮才顺利地提回车子落好户。老后对工作一丝不苟，任劳任怨，敬业精神特别强，多次被县里评为'先进个人'。"

1995年元月，老后为了能集中精力从事民间传统文化的挖掘、保护工作，提前10年从隆回县台湾事务办公室主任岗位退休。老伴朱春英为辅佐丈夫也随即退休。从此，在隆回的大地上，在瑶山的沟壑中，经常可以看到这一对夫妇在穿行。

邵阳市委巡察组组长、二级巡视员、市民间文艺家协会副主席陈扬桂回忆道："政协与台办工作联系多，加上老后是县政协委员，我在县政协工作期间，与他接触不少，对他的了解越来越多。他虽然年长我近20岁，但朝气蓬勃，精力充沛，一副老是在

花瑶守望者

匆匆前行的形象，令我钦佩不已。他对工作充满激情，与台胞台属情深意浓。我伯父从台湾归来，他除了热心提供台办职责范围内的各种服务，还免费为我们拍摄全家福照片。由于进机关晚，奔五的他与我同一纸文件任命为正股级职务，但他对职务高低似乎并不感兴趣。

"他执着于他的民俗摄影，每有新的成果面世，都会来政协机关与'娘家人'分享。记得1992年春节放假前夕，他来到县政协，很自豪地说起他的一帧黑白照片《水上摩托》在联合国教科文组织举办的亚太地区摄影比赛中获奖了。我向他了解详细情况，写了一条简讯，刊登在《邵阳政协会刊》和《邵阳日报》上。

"老后在副科级别的县委台办主任职位上已经干足两年，具备了升正科的条件，他却突然向组织申请提前退休。此后我也调离隆回，与他接触少了，以为他从此去过含饴弄孙、颐养天年的逍遥日子了。然而，在媒体上不断看到他的杰作，读到他的捷报，我才知道他不仅没有停止前行的脚步，反而以退为进，行色更加匆匆，收获更加丰硕。

"1998年，由他组稿的《圣洁的疯狂》获首届国际民俗摄影大赛提名奖；同年晋升为中国民俗摄影协会硕学会士。"

揭秘挑花裙

文坛巨匠沈从文先生誉花瑶挑花是"世界上最美挑花"，堪称我国民间传统挑花宝库中的一绝，被列入首批国家级非物质文化遗产项目。然而，随着社会的变革，花瑶挑花精美绝伦的传统挑花图纹几近消亡，至今仅残存几十个传统挑花图样了。

于是，老后有这么一个心愿：一定要让瑶家妇女把自己家笼箱里的裙子拿出来看，一定要把所有的图样都拍下来。

国家级非物质文化遗产"花瑶挑花"传承人奉堂妹回忆说："40多年前，为了拍摄花瑶挑花，老后找到我。初见老后时，我才13岁，是村里挑花最好的，他像'坏人'一样跟着，我躲到哪，老后拍到哪。他'赖皮'，死霸蛮！任你怎么驱赶，老后依然笑嘻嘻，不愿离去。还对我说'不捉你，不打你，就拍一下你的挑花'，一跟就跟到了现在。那时的瑶山人，大多数过着'桃花源'般的生活，没出过家乡，也很少见外族人，消息闭塞。当老后举起相机拍摄时，当地人会立即拒绝，有的还要赶他走。特别是老人，反应特别大，因为他们觉得拍一次照就意味着'被摄一次魂'。很多人不准他拍，怕他把魂勾走了。村寨的人纷纷躲避，更有甚者，拿起农具驱赶老后。老后依旧笑嘻嘻。"

老后虽然差点跑断了腿，但收效甚微。

老后不言放弃，为了让瑶山人接纳他，他干脆住进山寨，一家一户劝说。有时他还会买一些小礼物送给他们，然后再磨上几个小时，帮村民们干家务、干农活、砍柴、担水，千方百计与大家套近乎。表面上，他与瑶山妇女们的关系活络了，但一提到要看她们的挑花裙子时，她们立马会说："没有裙子。我家哪有什么好裙子？"

碰了壁以后，他就请村干部同他一道挨家挨户去看，结果依然是看不到，瑶山人还把他们推出家门。

"这样我怎么能完成任务？"老后反躬自问。

到后来他才明白，原来这些裙子装进笼箱以后是连自己的丈夫和兄弟都不可以看的。

于是，他就改变方法，自己挨家挨户去，每户磨上几个小时，近乎是死皮赖脸了。有次到一个老婆婆家，刚开始她还与老后有说有笑，但老后一讲到要看她的裙子时，她立马说："我不跟你谈了，我要出去扯猪草了，我家里还有两头猪饿着呢。"说完，她背起篮子就出发，把门一拉，把老后一个人晾在家里。

老后想：与其这样在家里等她，何不与她一起去扯猪草？

于是，他追上这位老婆婆，从她肩上接过挎篮，与她一起扯猪草。扯了满满一大篮猪草后，又替她背回去。

到家门口时，这位老婆婆说："猪草要洗了才背回去呢。"

刘启后又把猪草背到小溪边洗干净，背回来放到堂屋里，找到菜刀就剁起猪草来。

老婆婆说："你还会剁猪草？剁了手指莫怪我啊。"

"我不但会剁猪草，我还会煮猪食呢，这些我从小就会做的呢。"

这大半天的活打动了老婆婆，她说："你这个后老师是个大好人。"她拿了两件裙子让老后看，都不用打开，老后只要看一部分就知道这是一个什么图案，老后知道这两个图案已拍过。

老婆婆看出这不是老后想看的，于是接过说："今天天气好，我干脆把笼箱里的裙子放到坪里晒一晒，让你看个饱、拍个饱。"

老婆婆把一大笼箱的裙子都搬出来放到坪里晒，老后眼前一亮，这中间还真有几幅从没见过的裙子图案，他像发现了宝贝似的，端起相机就是一顿猛拍。

他的两千多幅花瑶挑花图案，大多数是这么软缠硬磨得来的。那时老后总是背着个包，带着相机满瑶山地拍照，大家拗不过老后，又得知老后不是坏人，便随他拍了。真的不容易！

花瑶女人的每一件挑花裙，都是一帧精湛的艺术品。其挑花图样内容广泛、题材纷繁，树木花草、飞禽走兽、人物生活、古老传说等都似乎跨越了时空和常理，随心所欲地组合填充，有繁有简，有疏有密，有图腾，亦有隐语，当是应有尽有。如"哪吒闹海""双龙抢宝""缚龙过江""蟒绕山林""盘蛇吐信""蛇锁金刚""虎头蛇尾""人面蛇精""蛇戏金鸡"……件件构图新颖浪漫，帧帧造型古拙粗犷。

每一帧裙绣图纹，或诉说着一段传奇故事，或轻吟出一首瑶妹心灵的歌谣，是智慧的结晶，是感情的倾泻，是精神的寄托，也是对美好生活的执着追求。一切都是那么纯真自然，弥漫着悠悠的乡土情思。

老后夫人朱春英说："当时他的工资只有42元，120相机的胶卷要2元钱一个，只能照16张，所以他舍不得乱按快门，总是要看准，反复对焦，确认使自己满意了，才按下快门。"

他在家里自己布置暗房，用棉被把窗户蒙住，买回显影粉、定影粉，自己配制药水，购回相纸，自己洗相。他不只是自己忙碌，每次总还要把在照相馆上班的妻子也拉进暗室协助他。时间久了，妻子熬不住了，一个劲儿地打哈欠，他又心疼妻子，要她去休息，而他自己常常钻进暗室就是一个通宵。

他每次从瑶山回来，都是这样在暗室通宵达旦的。

现在花瑶同胞说多亏老后软磨硬泡地劝说妇女们把自家的挑花裙借给他拍照，他收集的2000多种传统挑花图案，为后来传承这一国家级非物质文化遗产立下了汗马功劳。花瑶的裙子，一些瑶族年轻妇女不愿意穿，他苦口婆心地说服年轻妇女穿上自己民族的裙子，现在穿着自己民族的服饰已基本成为一种自觉。

老后将他30多年的苦苦寻觅，累计拍摄收藏的2000多个传统挑花图纹，编著成《花瑶女儿箱》一书。这是中国民间文艺家协会主席冯骥才主席给他取的书名，此书已正式出版，为瑶山留下不可再得的文化记忆。

任社教队长

1990 年，县里安排他去开展第二次农村社教工作，原把他安排在司门前，他主动要求到最偏远的地方去，后来他又提出到全县最偏远、最穷的村去，于是县里把他安排到了麻塘山乡八角楼村。过去一些县派工作队员都是在公社食堂搭伙，乡里征求他的意见，他谢绝了，坚持在村里与群众同吃、同住、同劳动。

他白天劳动，晚上走访，帮助村里解决了许多问题，对村民的一些小问题，尽量进行批评教育。有一户人家的儿媳妇，老是虐待公公。一次雨天，公公家的瓦房漏雨，公公架着梯子上去检瓦。这媳妇见了后，就把梯子给搬走，害得公公在房上下不来。该妇女在村里是有名的泼妇，人家在小溪边洗菜洗红薯，只要她来了，人家就得给她让位，否则她就会一脚把人家的东西给踢倒，别人都是敢怒不敢言。在走访时，好多人都要求工作队把她拉到麻塘山街上戴高帽子游街。老后没有同意，而是三番五次地对她进行批评教育，终于使她认识到了自己的错误，她自己杀了只母鸡炖给公公吃。看到公公体瘦，平时坐在硬板凳上难受，她又把自己的破棉衣剪开，为公公做了一个棉坐垫。慢慢地，她与左右乡邻之间的关系也相处好了。

得知当地有造皮纸的传统，他兴奋不已，当即与村干部、原来的手工操作者一道，反复商量，一定要把这一产业做大，这一决定得到了全村群众的热烈拥护。造纸匠人手不够，他又一次次地做这些人的思想工作，动员他们"传帮带"，培养一代年轻人接手。原料不够，他与村干部一起商议，安排人到其他乡镇去收购，与原区乡供销社的人员联系，请他们代收。就这样，全村掀起了一股大造皮纸的热潮。他把整个生产过程拍成照片，在省、市报刊进行宣传报道，后来又拍成电视专题片——《皮纸之乡》，并获湖南省广播电视优秀节目评选一等奖、全国优秀电视社教节目评选三等奖。

在劳动与生活中，他发现这里不只物质生活贫乏，精神生活更是贫乏。

为了扭转这一落后面貌，他提出在村里成立宣传队，利用文艺宣传的形式，宣传党的方针政策，丰富群众的文化生活，这一建议得到了村民们的拥护，但操作起来却十分难。村民们住在各个山旮旯里，白天要劳动，晚上一个个疲惫不堪，还要走这么远的路来排节目，谈何容易！老后不气馁，他对大家推荐出来的人选，一家一户去摸排和做工作。

村里有人推荐一位妇女，说她嗓音不错，歌唱得好，老后当即决定去她家看看。老后到她家时，发现她正背着个小背篓，老后没有说什么，只是要她唱一首《小背篓》给他听。但她不会唱，也不识谱，老后便一句一句地教她，还动员她去参加村里的文艺宣传队，可她却说："后老师，您看我哪有时间去参加排练？"

从她的实际情况出发，老后当即决定安排她独唱《小背篓》，这样她就不用每晚去排练，自己在家里练习就可以了。她高兴地答应了，每天做事再累，她都要在家里吊一阵嗓子。

村里宣传队的班子组好后，老后白天同大家一起劳动，晚上组织村宣传队赶排节目。在他的鼓动下，所有宣传队员都干劲十足，大家加班加点地排练。

两个月下来，宣传队的节目终于可以登台演出了，在村里进行了首场演出。《小背篓》演唱者上场前又怯场了，老后给她以鼓励的目光，在他的鼓励下，一曲《小背篓》惊艳了全场，大家都夸后老师慧眼识珠。大家一鼓作气，继续打磨，然后又到其他村进行了义演，反响很好，全村人的精神面貌焕然一新。

后来，该村破天荒地参加了全县革命歌曲大合唱比赛，荣获二等奖。所有村民高兴得不得了，都说后老师功不可没。

老后在该村工作7个月，既贴心又细心。按上级要求，要撤队回单位了。临走时，群众与他难舍难分，有的还流下了感动的泪水。群众有的拿来自己产的1升糯米，有的拿来4个鸡蛋，有的拿来1碗绿豆要他收下。

还有一个老婆婆老远赶来，在身上摸索了半晌，摸出5角钱，对老后说："老弟，你为我们村的事操碎了心，我没有其他什么送你，这5角钱你拿去自己买点糖甜一下口。"老后坚决不收，老婆婆坚决不松手。

无奈之下，老后只好把挎包上用毛巾勒着的茶杯取下来，对老婆婆说："大娘，您有胃病，别老喝凉水，以后您还是烧开水喝，我这杯子送给您喝开水。"一句话说得老人热泪盈眶。

村民们把他一直送到麻塘山车站。一位小女孩得知后老师要回去了，一路小跑赶过来。她从人群中挤进来，递给老后一封信，对他说："刘叔叔，听说您要回去了，我家里穷，没有什么送给您，这是我今天清早写的一封信，请您现在不要看，一定要到车上才看。"

麻塘山开往县城的班车徐徐开动了，老后打开这个小学生写给他的信，一丝不苟的字迹，记录的尽是她从村民们那里听到的关于后老师在这 7 个月的点点滴滴，满纸都是父母平时对后老师的一些感谢之语，小小年纪能把老后所做的事写得这么清楚，实属难得，老后看得泪流满面。

任社教队长撤队村民送行处

此间任隆回县政协第三届县政协委员，并获隆回县政协委员先进工作者；获隆回县新闻报道二等奖。

瑶山的石头有身份证

隆回早期摄影界有两位知名人士：匡国泰和刘启后。业内人士说：国泰长于写意，启后用心选角度。

匡国泰回忆道：清凉台又称"法合石"，位于狮子峰腰，老后提前退休后，我与老后一起来到这里拍日出，为了使照片有出奇制胜的效果，老后避开常人拍日出的位置，看中了绝壁上的一个凹洞，他把相机用尼龙带绑好递给我，自己像猴子一般攀沿着下去，然后再要我把相机吊下去给他。老后拿着相机一对景，就高兴地对我说："我找到了天下第一角度"。可拍完照片往上爬时，老后才发现自己真正陷入了"绝境"，原来绝壁上的石头风化得厉害，像是老人的牙齿，整个都是松的，手指抠到哪里，哪里就哗啦啦地往下掉小石粒。他心里打鼓了：难道真的要与黄山共存亡了？他向我交代了葬在黄山的遗嘱："人是无法运回去了的，葬在黄山并不是一件坏事，但是请你回去后一定要好好安慰春英……"我不让他继续往下说，向脚下大声喊道："你不是属羊的吗？今天就变成一只岩羊吧！"并提醒他别再往上爬了，继续一步

花瑶守望者

一步往下挪。老后使出小时候爬竹子的本领，从绝壁上一步一步往下挪，我快速绕到深谷接应他，为他拍下了一组"魂在青山白云间"的珍贵照片。

他下来后，我心里千斤的石头才算落了地。我拍着他的肩膀说："你刚才立遗嘱的时候我忘了问你一句话。"

"什么话？"他定定地看着我。

"忘记了问你的存折密码，我好告诉春英姐。"

他一拳打了过来："我哪有存折哦！为了照相，连你春英姐的钱都被我用光了的。"说完，他放下相机，又做了一个倒立动作。

后来，国泰在酒桌上吹牛时讲起老后的这一壮举，让春英听得心惊肉跳，千叮万嘱老后今后拍照时坚决不能去这些危险的地方。老后哈哈一笑："毛主席说过，无限风光在险峰，不去危险的地方，怎么能找到好的视角？不找到好视角，怎么能拍出好片子？"拍了几十年照片的春英也懂这个道理，只是一直担心。

花瑶人都知道老后喜欢瑶山的石头，因此他们每发现哪里有一块稀奇古怪的石头，都会第一时间告诉老后。老后接到这类信息后，都像发现金元宝似的立刻赶到那里，生怕被他人抢了去。

他在瑶山拍石头的时候，每拍一个石头，都会编上号。为了拍好每个石头，他都会围着它不停地转圈，仔细观察，从哪个角度拍更能凸显这个石头的高大、宏伟和不一样的形象。还要考虑光线，是拍顺光、逆光，还是侧光？是上午拍好，还是下午拍好？有一次，他在大托拍石头时，为了拍好一个石头，在山上转了好几个圈，左看看，右看看，上看看，下看看，思考着哪个角度更好。可瑶山的天说变就变，大雾一来，把整个山都遮住了，分不清东南西北了。老后在山里转来转去，根本找不到下山的路。因为当时山民中房子太窄，家中老人的棺材无处安放，就放到这样的巨石下避雨淋。越走天越暗，本来很熟悉的地方这天就是找不到路，他已经有些慌，现在看到这两口棺材，平时胆大的他不免有些紧张了。一阵寒风吹来，浓雾像一张黑网罩了过来，原来隐隐约约的茅草路，这时不知藏到哪里去了。那个年代山上有野兽，就算是没碰到野兽，冬天天气非常寒冷，如果不能走下山去，不被吓死也会被冻死，老后越走心里越发毛。就在这时，不知从哪里传来了"你好！你好！"的声音，真是屋漏偏逢连夜雨，今晚莫非真的碰上鬼了？老后全身汗毛都竖起来了，他坚信世上没有鬼，但又不知这声音来自何方。他努力想让自己镇静下来，但浑身不由自主地颤抖起来，双腿像灌了铅似的，紧接着又听到"你的电话来了"，这时候才知道是自己带的 BP 机提示的声音，此时他的衣服已被汗水浸湿了。这时，他听到远处有个人在大声喊："你这个人今天在山里转这么久是干什么的？你要到哪里去？"这个时候已经看不见路了，老后马上接声，说要下山，但不知道从哪里下去。那人指出了下山的路，老后谢过那个人，这才下了山。

尽管如此，老后仍是痴迷拍瑶山的石头，有时候要在山上爬上爬下，好几次身上的衣服磨破了、皮磨烂了，他也浑然不觉，可想而知他在拍照的时候有多专注。

方圆近百里的瑶山上的奇石旁都留下了老后的足迹，香炉山的香炉石、神鹰石、玉兔石，铜钱坪的龙船石，大托的望夫石、宝

花瑶守望者

剑石，大水田的男女将军石，等等，都被老后拍到了照片中。

　　为了让石头充满灵气，老后又在数千首花瑶民歌中进行精选，用心制作，一石一诗，珠联璧合，相得益彰，给人以一石一景，充满诗情画意的善感。这创意，只有老后才想得出；这匠心，只有老后才拥有。

与瑶山民众结缘

崇木凼的老村支书沈诗永为了保护村里的树木立下了汗马功劳。大年初一，刘启后给他拜年，推开他家门的时候，只见老人蜷缩在门边，火也没有生，人冻得直打哆嗦，衣服穿了好久也没有洗，浑身长满了黄疥子，旁边凳子上摆着一碗冰冷的白粥。

刘启后看到这一幕，眼眶含着热泪，他马上俯下身子扶起沈老书记。

"老书记，这么冷的天，您怎么连火也不生啊?"

"刘老师，我家里没有柴呢。"

听他这样说，刘启后拿起柴刀，走到屋后的山上，用柴刀敲掉积雪，选一些枯枝砍下来，砍了一捆柴背回来，然后生好火，请沈老书记烤火取暖。

"刘老师，你真是好人哪!"沈老书记老泪纵横了。

"老书记，您本来就有胃病，吃这么冰冷的白粥怎么行?"刘启后从包里拿出准备做中饭的发饼递给沈老书记。

老书记像小孩子似的，拿过来就吃起来。看到他这个样子，刘启后鼻子都酸了。

回到县城后，他立马要妻子去药店买了10盒胃药、一些盐水和涂的药，然后又要儿子打包装好，送到开往小沙江的班车上，请人给沈老书记捎过去。

通过长时间的药浴，沈老书记的皮肤病终于好了。

后来，刘启后又请来县委书记钟义凡，请他看看沈老书记这破旧的房子，向县委书记介绍沈老书记在当年大炼钢铁的时候，充分发挥自己的智慧保护这些古树，才使得这些古树到现在还能生存下来。钟书记看了现场和听了介绍后，当场表示要为老书记改善住房和生活条件。沈老书记握住刘启后的手久久说不出话来。

刘启后自己对古树也是饱含深情的。在虎形山庙山村有一棵古树，当时村里缺钱，砍了这棵大树卖钱。刘启后路过这里时，发现这棵古树不见了，他就问当地的村民。

村民回答被村干部砍了卖钱了。刘启后又问是谁说要砍的，村民们把名字告诉他以后，他火冒三丈，当即去找这个村干部。当得知这个村干部在村里开会时，刘启后冲到会场，抓住这个村干部的前胸衣领说："谁要你把那棵古树给砍了的？你知道这么一棵古树要多少年才能长成吗？你知道砍了这么一棵古树会给村里的风景造成多大损失吗？"他连珠炮似的发问，让全体与会人员都怔住了。他们不知道平时嘻嘻哈哈的后老师，今天怎么为一棵古树发这么大的火。

然后，他努力平复了心情，对大家说："砍了这棵树，就没有了原来的风景，就不好看了，对旅游者来说就失去了一些吸引力。希望大家保护好每一棵古树，让保护古树变成我们的自觉行动。如果谁以后还要破坏古树，我就要对他不客气了。"

大托有一家人生了一个小孩，要后老师给他们的小孩取一个名字，要按老习惯"打三斗"（打三朝）。当时他正在北京学习，听到这个消息后，他一直在想要给小孩取一个最有意义的名字。从北京学习回来，老后连家门口都没进，径直去了大托，给小孩子取了名字，参与了他们为小孩"打三斗"的活动。

一年多后，小孩在烤火时，灶上的铁架子烧得通红，小孩不懂事，扑到这个通红的铁架上，小孩被烧得哇哇大叫。刘启后知道这个情况后，要他妻子把早几年的一个治烧伤的药拿出来给这个小孩涂上。原来几年前，他儿子刘丹去食堂打开水时在路上摔了一跤，开水从头上浇下来，浑身烫伤，四处求医没有效果。后来，厂里的一个工程师的岳父是个老中医，给了他们一个方子，他们依照方子把药买回来，涂上去后，儿子立即停止了哭闹。夫妻俩都觉得很神奇，于是把这个方子保存了下来，碰到谁家有烫伤的，他们就依方子抓回药，进行加工后，免费送给人家。大托的这个孩子涂上药后，烧伤痊愈了，且没有疤痕。

他下决心要把花瑶的旅游开发搞起来，当他把想法向领导提出时，有领导曾说："老后，瑶山有什么好看的？你是要人家看破烂的衣服，还是破旧的房子？"面对这种说法，他不去反驳，只是暗暗下决心：不管你们支持还是不支持，我都会沿着这条路走下去。

每一天每一时，他都这么坚持着。有人提出要去瑶山看看，他会很诚恳地问："你是去两天，还是三天？"然后一一告诉他们：第一天看哪几个地方，第二天看哪几个地方，第三天看哪几个地方，生怕遗忘了哪个地方没有推荐给人家。

也有的游客回来后说："哎呀，我们上了老后的当了，瑶山没有什么好看的。"

每当这种时候，他就会告诉大家：看瑶山不像看张家界，张家界的美是摆在那里的，一看便知。瑶山的美，要你细细去品味。

县里面要宣传瑶山，在高速公路竖一块大牌子，同车的人看到这是老后的照片，就问他："用了这么大的照片，给了你多少钱？"

他淡然一笑："只要是宣传了瑶山就好，要什么稿费啰？"

他把毕生的精力奉献给了瑶山，只要一讲到瑶山，他就浑身热血沸腾。

"没有他这几十年的执着，没有他这几十年在我们花瑶山路上跑，哪个会晓得我们这大山沟沟哟！"隆回县崇木凼村的党支部原书记沈诗永回忆起来很是感激，他说：正是老后几十年的坚持，把花瑶推介出大山，使得花瑶备受关注。这一年老后获全国文化遗产宣传保护十大新闻人物。

老后喜获"荣誉瑶民"称号

峡谷探险

老后一直有个心愿：要把大托峡谷开发出来。

老后为了花瑶的开发，一心只想多打造几个景点。一位70多岁的采药老人在大山中遇见了在此中穿行拍照的老后，便对他说："刘老师，你这么喜欢拍风景，为什么不到山底下洪口那儿去拍照？那里的风景才叫风景呢！"

"洪口？洪口在哪儿？"老后迫不及待地问道。

"你不是经常在大托村口前面的原始森林中拍照吗？从那里一直往下走就是了，但山势陡峭，山中多毒蛇猛兽，传说还有个三龙王在三龙洞里修道，这龙王性格暴躁，谁要下去打扰它，它就让人有去无回。"

"那您下到谷底了吗？"

"我也只走了大半，没敢下到谷底，但那里的风景绝对比电视上的好看。"

这一番话说得老后心里痒痒的，他就想去大峡谷探险，然后把它开发成旅游风景区。

但当地的村民一直阻拦他去，他们担心老后下去后有生命之虞，讲出了一大堆令人望而生畏的理由：沟里有个龙王寨，寨里有虾兵蟹将把守着，任何人也不能靠近。溪边有数不清的毒蛇，柴草中有刺一下就要人致命的毒蜂，还有毒性致命的植物，总之是一万个去不得。也有不听劝阻的人下去了，一个个都是有去无回。他们说得有鼻子有眼、有名有姓，让人听了毛骨悚然。他们还说当地烧炭者，要从峡谷下方穿过时，都是要先杀了雄鸡，烧了纸，敬了土地菩萨，请了梅山神方敢进山。就连当地的猎人，也绝不敢到这峡谷中去打猎的。

可老后偏不信这个邪！他对当地的人们说：龙王寨是没有的，不用担心；蛇也不是到处都有，并不可怕；发现野蜂，大家注意就是了。

他一次次地做村干部和群众的工作，大家对峡谷的恐惧心理才有所好转，部分年轻力壮的年轻人答应陪老后去大峡谷探险。

可山上的天气就像孩子的脸，说变就变。有好几次，老后在长沙或隆回发现是好天气，晴了一两天，他满怀信心应该是晴天了，但当他坐班车赶到虎形山时，山中又下起了瓢泼大雨。这下，村民们更加坚信：这大峡谷去不得！

但他还是不信邪！

终于，他选中一个风和日丽的日子，邀请了他的好友——电视制片人刘念铎等人一道从长沙出发，马不停蹄，换了几次车，两天后终于到达大托。

当他再次向村干部和群众提出，最近天气很好，可以去大峡谷探险时，大家既高兴又害怕，高兴的是天公作美，终于有可以探险的好天气了，害怕的是峡谷还是充满未知的危险。

乡里有40多人报名陪老后去峡谷，还有好多妇女也要去，老后劝阻妇女就不去了。这些妇女说："后老师为了我们瑶山不遗余力，我们也应该出一份力才是。"乡、村两级干部不同意去这么多人，劝退了10多个体力相对要差一些的人，然后一支30多人的探险队正式成立了。

村里沈书记安排了几个年轻人每人手持一把柴刀走在最前面，砍柴开道。有人在家里偷偷宰杀了雄鸡，把鸡血涂在了柴刀上；有人在身上藏了铁锤，如果碰到了传说中的龙王的虾兵蟹将，就可以拿出铁锤来防身；还有人在出发前于古树下悄悄烧了纸，祈求山神不要动怒。

30多个人站在村口，列队准备出发。有一位老人走过来，给每个人手臂上系上一根红丝带，老人说系上这根红丝带，在山林中比较显眼，可以避免走散，还可以镇妖。"祝你们高兴而去，平安归来。我们全村男女老少等着你们回来。"

几名手持柴刀的年轻人走在最前头，几个身背鸟铳的猎人断后。

大家都说："我们一定要保证后老师的安全。"

一行人从村寨直下近千米，起初还有烧炭人走出的一条小路，越往下走，柴草越茂密，什么路也没有了。大家攀着柴草，不让自己滚到沟里去。沈书记不时提醒大家："大家手里一定要抓住柴草，走路的时候不要挨得太近。"意思是一旦有人滑倒滚下去，也不致连带他人也一起滚下去。在这一行人中，老后年龄算大的，他胸前还要背着个沉重的照相机，才走不到一半的路程，全身已没有一根干纱。沈书记要几个小伙轮流帮刘念铎先生扛摄像机，他自己就抢过老后摄影背包背到肩上。大家碎步慢移，不敢有半点懈怠。

终于，一行人能听到"哗哗"的流水声，声若洪钟，一条宽约20米的溪流出现在人们的面前，好不容易到达谷底了！老后跳过水中的几块石头，问道："这就是你们所说的洪口吗？"

"是的！"同行者异口同声地回答。

老后向上环顾，这里的风景确实美得无法用言语表达！

从沟底先向西行300米左右，第一个瀑布就出现在眼前，它有近200米落差，从石崖绿树掩映中倾泻而出，飞流曲折。这个瀑布水量不算大，但似一条白绸从天飘落下来，用"飞流直下三千尺，疑是银河落九天"来形容此处瀑布，可谓恰到好处。仰望瀑布，有的只是一种最原生态的美丽。此时，大家只听到老后手中的相机咔嚓咔嚓响个不停。若继续沿河往下游走，就到了岩儿塘村下端，溪水在此头也不回，便欢快地进入了溆浦县境内，流入沅江去了。

一行人从瀑布折回往东走，沟底相对比较平坦，溪边开满野花，颜色黄澄澄的如金子一般。沿着峡谷往前约2公里，遇到一个较大的水潭——洪口塘。然后到达蓑衣潭，它宛如一个穿着避雨蓑衣仰卧在溪潭的温柔瑶族少女，你一眼就可以洞悉她清澈透明的潭水身躯。潭的上游也是一个瀑布，它将河水的缓游漫吟和欢跃奔腾巧妙地糅合在一起。老后发现这里既有水量丰沛、气韵万千的恢宏，又有柔细飘逸、楚楚依人的温柔。人至蓑衣潭，见水流清澈见底，自有一种不可抗拒的诱惑，大家都掬一把水洗洗旅尘，有的干脆俯下身子亲吻几口，顿觉心旷神怡。

稍事休息后，大家又开始爬山，可山上根本就没有路！在峡谷中有几处都是千尺壁立，无法前行，大家只好涉水而过，迂回前行，手攀灌木，脚踩树蔸，才可以勉强前行。

上山容易下山难！从悬崖峭壁上要想下来，一不小心就会滚下悬崖，后果不堪设想。这时大家手中的柴刀又变成了开路机械，走在前方的人要用柴刀把前方的土石掏一个小凼，容得下半

峡谷探险

个脚板，先让自己站稳，然后再掏第二个小凼……后来的人只能是手攀柴草，一步一个脚印地跟着走，并且还不能迈错步子，否则便无法前行。在这千鸟飞绝的悬崖上，大家战战兢兢，几百米悬崖走过来，一个个双腿都发软了。虽然紧张不已，但竟也没有人掉入悬崖峭壁之下。

溯江而上，又经过一段路，豁然开朗，大家的心情也放松起来。在又一次跳过江中的几块石头时，有两人不知水中的石头长有青苔，竟先后掉进了江水里，连身上的手机也报废了。为了消除窘境，有人打趣：这真是人生如旅途，时时要谨慎啊！

正当大家还在嘻嘻哈哈之时，突然看到天上扯过来一朵云，很快就乌云密布，感觉头上就像罩了一口大锅，转瞬狂风大作，感觉人似乎都要被吹走，接着电闪雷鸣，一个个炸雷仿佛就在脚边滚动。莫非这大峡谷真的来不得？大家把目光都投向老后，老后坚毅的目光给大家以信心。倾盆大雨从天而降，几个带了伞的立即撑起了伞避雨，老后害怕这些金属把柄的伞遭雷击，大声喊："大家把雨伞丢得远远的，以防雷击。"

所有的人都把雨伞甩得远远的，大树下也不敢去躲，一个个只就近找巨石避雨，雷声还在轰隆隆，沟里迅速涨起了洪水，洪水还在一尺尺上涨，部分人心里更慌了，感觉世界末日到来了，也有的以为是妖魔在兴风作怪，紧张得铁青着脸，把手中的柴刀挥舞个不停。

老后要大家保持镇静，也不要到巨石下去避雨，巨石和大树一样都最容易遭雷击。经他这么一说，一些在巨石下避雨的人又走了出来，大家一个个被雨淋得像落汤鸡。

大雨持续了近两个钟头，经过这场大雨，大多数人都有了疲倦之感，刚开始的兴奋劲儿此时已无影无踪了。这时有人说，最精彩的三龙洞飞瀑到了！大家又精神为之一振，快步向前行走。

　　瀑布高约80米，大气磅礴，澎湃的激流忘怀地奔下崖壁，溪水声若惊雷，撼山震谷，流水的气势与韵律在此发挥得淋漓尽致。天空碧蓝如洗，阳光依然灿烂，下午一点以后，太阳偏西，瀑布前又魔幻般地挂着数道彩虹，所以又叫三色洞。瀑布后面有个洞，传说洞内住着三条龙。瀑布下面是个水潭。人正面立于飞瀑对面的大石，隔着水潭，闭上眼睛，一身清爽，水汽透入心脾。正如魏源所言："炎暑走入冰壶里，天风凉得心如洗。"冥冥中，恍如飞上嫦娥宫阙，又似坠入绵绵云海。烟笼碧水，雾绕群树，山色空蒙，一种莫名的、不可抗拒的诱惑力，自会勾走你的魂，使你那颗敏感的心在这虚无缥缈间迷失，甘愿忘却归途。面对这如此美景的瀑布，老后站在溪边的石头上，兴奋得大叫，并倒立起来，惹得大家开怀大笑，全然忘记了旅途劳顿。

　　从三龙洞飞瀑左边山崖攀爬上山，往四角田、青山坳方向走，站在高高的崖顶，透过翠绿的树林，仿佛脚下一条白色飞龙盘旋呼啸而下。此段峡谷要涉水而过者达六处，水深及腰膝，水面宽度3至10米不等，溪水清澈见底，游鱼、小虾历历可见。前行约两公里，一个大圆石侧卧在溪水中，如天上掉下个几吨重的大月饼，厚实且圆润，当地人取名为月饼石。令人称奇的是，任溪水冲刷，鱼啃虾叮，这月饼石却一点也没有销蚀。

　　从月饼石一侧沿河岸绕过，一路前行约3公里，河对岸两边各有一块大石头，上有一独木桥，小心越过独木桥，拾级而上，不知拐了多少个弯，终于到达仙女浴瀑布。置身峡谷中，周围大大小小几百处瀑布，令人目不暇接。此处美景，宛如仙境：小小的溪边，一大片不知名的野花悄然地绽放着。那些粉白、浅黄、淡紫、火红、金黄色的花瓣在微风中摇曳着，它不似牡丹的雍容华贵，也没有玫瑰的清香迷人，更没有水竹的青翠秀丽，但它却有一种傲然的神采。那小小的不起眼的野花，在盛开中绽放着它朴实而自然的美丽，就像这里的花瑶姑娘一样，与世无争地展示着生命的光彩。看到眼前的一切，老后又忘掉了一身疲劳，手中的相机照例咔嚓咔嚓响个不停。

由于是第一次穿越峡谷，大伙都不知道到底有多远，他们刚从峡谷上游准备往回走的时候，天已开始转黑。有人告诉老后：我们离出发地还有十多公里上坡路要走啊！

老后也急了，忙问："你们谁家离这最近啊？"

立刻有人告诉他，某某家离这最近。

老后马上对他说："请你马上回去借一些手电筒来，还有这么远的路要走，没有手电筒，我们还真回不去了。"

大家拖着疲惫的身子摸索着往上走，边走边等手电筒，很快，回去的这个人就提了一蛇皮袋子手电筒来了。有了光亮，大家的速度又快了一些。

主动殿后的老后，一不小心滑落下坠，好在下方有棵树接住了他。大家吓得不轻，纷纷感叹道："要不是有棵树在下面接着，可能人就没了。"

夜幕降临，村中男女老少在清晨为他们送行的地方等候着。时间一分一秒过去了，探险队伍竟没有半点消息，大家都担心不已。在峡谷中没有任何通信信号，大家只能干着急，一些家属都急得要哭了，怪自己的家人太冲动，更多的人相信后老师一定能把大家平安带回家。

晚上 9 点多，早就聚拢在老村主任邹定文屋前的禾坪里的人们，远远发现一队手电筒光像舞龙灯似的出现在山边，大家兴奋不已，呜哇山歌立马唱开了，像对待凯旋的英雄一样接待他们。

累啊，苦啊，已经掩不住喜悦，大家争先恐后、手舞足蹈地形容在峡谷里看到的景色，生怕别人先说了。只因，这大峡谷里面的景色太迷人了，那水、那潭、那壁、那瀑、那石，简直如神来之笔，堪称绝佳的山水图画。

30 余人带着一身疲惫、带着满脸的兴奋回来了。看到他们一个个平安归来，大家开心极了。有人在自己家里摆了三桌酒菜等着为大家庆功，老后自然被大家请到了上席。老后说："今天我到'地狱'走了一趟，却看到了天堂的景色。"

他把考察虎形山洪口大峡谷的一组照片，命名为"虎形山瑶乡惊现大峡谷"，寄给国家体委主编的《山野》杂志发表，让世人看到了虎形山洪口大峡谷的神秘面纱。

大托峡谷的神秘面纱从此被揭开，吸引了无数人来此探险和旅游。

事隔多年之后，大托村原村书记沈德度回忆他亲身参与的这一幕，仍非常激动地说："这一路，险象环生，好不艰辛！山路湿滑，石壁陡峭，溪水湍急，闷雷不断地滚过头顶，还遭遇长达两个小时的瓢泼山雨。"

"老后给村里的 100 多块石头编了号，还写了 100 多个石头的故事。"大托村原村支书沈德度说，为了把瑶山的自然风光记录下来、推介出去，老后几乎走遍了大托村的每个角落。

为了推介峡谷的景色，有一年，老后带着 10 多个文艺界朋友，一起进谷采风，大托峡谷从此好评如潮。

有人在游记中写道：经常有人将我国的四大瀑布同我国历史上的四大美女相比，但我觉得雁荡大龙湫瀑布不如王昭君丰容靓饰，贵州黄果树瀑布不如貂蝉光彩照人，黄河壶口瀑布不如西施浓淡相宜，黑龙江吊水楼瀑布不如杨贵妃姿色冠代。而大托的瀑

老后带领瑶山群众制作竹筏峡谷探险，如今的峡谷已成瑶山热门旅游景点

布却是恰到好处，可谓"增一分太长，减一分太短"。它从石板上滑下，便有了五律的声音；它从石崖上跌落，便有了白练般的颜色；它回旋在潭穴之中，便有了不可测的深沉。

著名诗人、学者彭浩荡面对瀑布感慨地说："我去过贵州黄果树瀑布，那里的水量没有瑶山大峡谷瀑布充沛，气势也没有这里磅礴。而虎形山瑶山大峡谷却兼备了这些特点，它几乎拥有传闻中的香格里拉的一切特征，它是一片安宁、遥远的净土，有着南方罕见的高原自然风光和人类原始的透明而清澈的生活。"

后来湖南省副省长贺同新游了虎形山洪口大峡谷后，赞叹不已，并当即题词：

> 苍天古树起伏林涛
>
> 瀑布群链飞流呼啸
>
> 虎山峡谷神秘奇妙
>
> 花瑶少女分外妖娆

考察溶洞

隆回南面多喀斯特地貌，地下溶洞多。老后一心想着如何把隆回的旅游资源景点开发出来。他想：没有哪一个地方有隆回这么多溶洞，但隆回的溶洞谁也没有全面考察过，县里也没有关于全县溶洞的完整资料。因此，他决心自费对县内溶洞进行一次全面系统的考察。

2007年，他自费对隆回境内48个大小溶洞逐个进洞探险考察，自觉为家乡隆回探寻新的旅游资源。

老后最早去过的是荷田乡云仙岩溶洞。

它位于距荷田中学200米的后山狮子山山麓，洞口上首，地形似雄狮盘坐巨石高台，昂首眺望，据守岩门。岩门高不足1.7米，宽不到1米，此洞称为云仙。洞内总长达3.5公里，面积4万多平方米。集梅山龙宫与黄龙洞的特点于一体，它的前半部分呈灰黑色，后半部分有呈白色的钟乳石，一个洞里有两种截然不同的颜色，世所罕见。

据说在很久以前，此洞叫匀仙洞。洞内住着一位匀仙娘娘，其救苦救难胜过观音菩萨，附近老百姓缺少什么，只需在洞口烧上一点香纸，说出所借物名，然后转过背去，很快就会得到其所需物品。后贪心人降世，他每每只借不还。于是，激怒了雷公天神，一记利斧，劈下上千吨巨石封住了洞口。

斗转星移，匀仙娘娘不知走向何处，溶洞也早已更名为云仙洞。岁月悠悠，斧痕已经剥蚀，仅留下一条七八十公分宽的裂缝。

迈进洞口，便可见洞内分"天上""人间"上下两层。

过渡仙桥，登上"天上乐园"，只见迎客松临风摇曳向你招手，八大金刚威武雄壮位列两旁，卢公真仙盛情设宴为你洗尘。

扶梯而下，来到长达 100 米、宽 10 余米、高 20 余米的"人间世界"，千层宝塔位居厅中，十八罗汉笑脸相迎，双宝莲灯高照游人……

从孔雀身旁经过，步入可容数百人的第二厅，又一幅奇景摆在你的面前，观音菩萨端坐厅中，周围瀑布似千万支银箭直射而下，石笋破土而出，石柱拔地而起，绚丽多彩的珊瑚石，五光十色的冰棱柱，令人目不暇接，美不胜收。

穿过金鱼倒挂、玉带凌空飘舞的第三厅，越过小桥流水，数道银屏，豁然开朗。第四厅上吊着无数石钟乳，似华灯齐放，把里面映照得金碧辉煌。把守大门的两位将军威风凛凛，万岁爷正襟危坐于虎皮椅上，文武百官跪列身前。其形其势，其情其景，俨然富丽皇宫。

从第三厅往右拐，匍匐前行，正当山穷水复疑无路时却是柳暗花明又一村。但见千吨巨石悬空，如来佛安然端坐其上，闭目托膝，处变不惊。两壁上千小佛，形态各异，皆面朝如来佛祖。佛祖前头，一擎天柱状如华表，高达 12 米，两只金猴顽皮地爬上顶端，作左右观望状，又恰似如来佛祖的两位哨兵在高台瞭望。

华表底座用成千上万个贝壳镶嵌而成，熠熠发光。

再往前行，两头长达30余米的黄龙从壁上蜿蜒而来，仿佛一对恋人拥抱在一起，窃窃私语。唯恐有人认出了它们，头部和上半身竟披上了一层朦胧的面纱。壁上好像还有乌龟在爬行，大象在沉思……

扶梯而下，便是"地下舞厅"。离地尺许，悬有一古镜，比肩齐高。烟斜雾横，似焚椒兰。轻叩石笋，犹如弹响灯光变幻中的古筝，铿锵清脆，深沉、悠扬；敲击铜管式的石柱，宛如牧童吹箫，凝重、浑厚，回响不绝……

继续前行，穿过阴河，便可从公路边的水帘洞钻出来。

桃花坪溶洞洞口位于今百龙观天下，该洞是老后去得最多的一个洞。该洞以宽敞著称。1971年冬，隆回县召开了一次四级干部会议，传达上级有关重要会议精神，为了增强会议的保密性，在洞中召开了一次千余人的大会。该洞犹如迷宫，洞中有洞，老后多次邀请朋友，带上手电，拿着粉笔做记号，但每次去洞中都有新的发现。以致到后来，老后把洞中的景致绘成了图，一一标注，哪吒闹海、八仙过海、二郎神劈山救母、盘古开天、女娲补天……这些神话故事的图案，都被刘启后在洞中找到了。他经常对人们说，桃花坪溶洞里的图案是我国神话故事之集大成者。老后将所有有特色的景点都拍了照，见洞内有少数钟乳石遭到破坏，他感到痛心，当即向有关部门反映，说一根石钟乳要上万年或几十万年的时间才能生成，但破坏只要几秒钟，大自然留给我们的宝贵财富，我们应该好好保护。在他的建议下，有关部门在洞门口装上了铁门，使该洞得到了有效保护。

马坪溶洞位于六都寨镇马坪村，与邻村长砂龙村两洞洞洞相连，属中山地貌溶洞群。老后每次去大东山，路过马坪溶洞总要到里面去看一看，这里有犀牛洞、西天洞、长生洞。洞内钟乳石色彩斑斓，造型各异，千姿百态，景象万千。洞内大厅面积宽广，可同时容纳上千人，且洞内有洞，洞洞相连。以挂壁鲤鱼传说最为生动美丽，那活灵活现的鲤鱼挂在岩壁上，让你看了之后倍感惊奇，但又不敢高声叫出来，唯恐你一叫，会使它受到惊吓后，稍一挣扎，就会从岩壁上掉入下面的水中，然后摇头摆尾地游走。为了拍好这幅图，老后要同行者从不同角度给他打灯，打灯者累出一身大汗，他却乐此不疲。他还想继续往水府洞和长生洞里面走，因条件有限，向导制止他继续前行，他总觉留下了些许遗憾，郁郁而返。此洞至今尚未有人探到尽头。

雨山溶洞位于井田村，从村中往山上走约一公里，草丛中可见一洞口，进入洞内，右洞有用石头筑的门框。当地群众向老后介绍，这是抗日战争时期，村中老人为躲避战乱时修筑，并在这里住了一段较长的时间。洞内形状千奇百怪：燕子哺乳，母子情深，惟妙惟肖；渔夫打网，手提大鱼，满载而归。左洞分初洞、中洞、深洞。初洞有梯田美景，田埂如长龙蜿蜒；海底奇观有龙宫显影，有海市蜃楼。中洞景点更多，需要攀石岩、爬山顶、趟阴河。当地导游考虑老后年纪大了，建议他不要去了，老后却不乐意："你们个个喊我老后，难道我就真的老了？我还可以'栽天许'（倒立），你们哪个能做到？"说完他就倒立起来，让同行者一个个看得目瞪口呆。大家拗不过他，只得继续前行。里面的景点果然让人惊异："皇帝出征"威风凛凛，尤其是外表纵横纹络看似"皇帝"二字。与之遥相对应的是"贵妃宠幸"，高 3 米有余。再往里走，便是"爱斯基摩人冰屋"，冰屋中间一页门，呈爱心果形，屋形为米黄色，长约 20 米，宽约 2 米，屋顶恰似洒满了一层厚厚的冰雪，不远处还有一顶苗家姑娘的银饰帽子遗失在那里。

一些石幔形状不一,厚薄不一,老后兴奋了,拿起一人手中的拐杖敲起来,竟然还敲成了曲子,惹得大家哈哈大笑起来。

西洋江张家庙溶洞位于张家庙村,一股巨大的水流从洞口流出,进洞时必须坐竹筏或者木排。老后与镇村联系,并邀请了文化部门的几位同行。村里十分支持老后一行前来考察,他们在洞内扎了一个木筏,安排了熟悉洞内部分情况的人做导游。老后一行事先也做足了功课,他们从煤矿借来了矿灯、安全帽,购买了水靴,备了水壶、干粮,每人还备了一个三节电池的手电筒,为防止洞中湿气太重炸灯泡,每个手电筒配了 5 个电灯泡;为了检验洞中是否缺氧,他们带上了蜡烛和打火机;为了不至于在洞中迷路,他们还带上了彩色粉笔和红油漆。老后背的更多,他还有照相机、闪光灯。在向导的带领下,一行人坐上木排,在阴河中划行二三百米后,小心翼翼地登岸。大家在洞外还嘻嘻哈哈的,此时大家都一声不吭,注意力高度集中。向导告诉大家,村中有放牛的小伙进来探险,竟有去无回。村里组织几个人在洞内找了半个月,连人影都没找到。听他这么一说,大家更紧张了,每到岔道,就用彩色粉笔和红油漆做双保险记号,生怕在里面迷路了出不来。但里面的景致却还是让大家兴奋不已的:洞中的钟乳石如擎天华表,大气沛然;"孙悟空大闹天宫",惟妙惟肖;观音菩萨端坐莲花,普度众生。一行人在洞中走了 6 个多钟头,早已突破了向导到过的地方,大家不敢再往前走了。向导说,这洞到底有多深,谁也说不准,据说是与六都寨镇马坪的溶洞相连,有人在马坪的一个溶洞里撒过几担谷壳,后来发现从张家庙洞的洞口流了出来。

山界樟石唐家山岩洞,全长已探明的洞深只数百米,洞内有石笋、石门槛,有各种形状的图像,细小的石缝中流出清澈的泉水，再往里走，可见一条小阴河，这为当地干旱季节抗旱找到了水源；每当大雨涨水时，洞内形成一个漩涡吸水，煞是好看。为了拍到它的最佳效果，别人在下暴雨时都往家里躲，老后却穿着雨衣，骑着自行车冒雨向这里奔。为了选取最佳角度，他冒着生命危险围着这个漩涡打转，一阵猛拍之后，回家看效果，洞里光线太暗，让他大失所望。他不气馁，第二次大雨来临前，他早已从汽车修理厂借来一个电瓶，趁雨还没降落前，早已把电瓶搬进洞里守株待兔了，直到外面雨停了，他才从洞里钻出来。这一回总算拍到了满意的照片，他开心地笑了。

岩口溶洞位于九龙山漆头岭下，有两个进洞口：一个是冶金工业部隆回金矿人工开凿的长1500米、宽1.8米、高2米，可自由通行的生产通道；另一个与岩口水库相边，需坐皮筏进去。老后选择了后者，他头顶矿灯，与朋友坐着筏子进去，前面一段进口较窄，很快便豁然开朗。洞内的钟乳石，或倒挂洞顶，如龙腾、如凤翔；或平地崛起，似黄山、似泰山；或一柱擎天，像宝剑、像金棒。这既像神仙洞府，有如来佛祖讲经，十八罗汉列阵，太上老君炼丹；亦如西游重现，有花果山福地，女儿国浴池，水帘洞洞天。沿暗河往白竹坪方向，有以形状命名的飞机坪、汽车路、千丘田、狗环眼、金銮殿等47处景观，此洞绵延数公里，可以直达白竹坪村。老后一手打灯，一手拍照，忙得不亦乐乎。

让家乡走向世界

中国作家协会会员、中国戏剧家协会会员、时任隆回县作家协会主席龙会吟和湖南省作协会员周纬女士合著的《跟着老后走花瑶》一书中写道：

2002年夏天，英国国际台著名电视节目制作人迈克·纽曼率领"中国民俗采风团"到湘西十多个旅游点考察二十多天后，一踏进古老神奇的虎形山花瑶山寨便惊诧不已，兴奋得打开一瓶他带来的香槟酒，让在场的人每人都喝上一口，以表达他的兴奋之情。他在瑶山考察了十几天，放弃了云南之行，终止了他对湘西的继续采风，将隆回虎形山作为重点考察区域。老后任摄制组民俗顾问，全程陪同了他，他充满感情地题赠老后。

湖南隆回的花瑶山寨，到处都呈现出绚丽迷人的景象。身穿艳丽服饰的瑶家姑娘，在欢乐的笑声与山歌声中，精心地挑绣着美丽的花裙，她们就像一朵朵山花，点缀着这片充满奇异巨石和灿烂花朵的神奇土地。花瑶，是再适合不过的名字。可是，像所有的花朵一样，这些传统文化的瑰宝也需要悉心地浇灌与呵护。

由于这里气候寒冷，整日薄雾笼罩，花瑶山民就靠长年累月的辛勤劳作来维持他们最基本的生计。正因为如此，要想让其宝贵的文化遗产继续代代相传是愈加困难了。我由衷地希望，这些十分珍惜自己传统与文化的人们，会得到他们为了维系这一濒临消失的文化所需要的帮助。

在看了老后的摄影作品后，迈克·纽曼评价老后："精美的作品，琉璃的色彩，充满人性魅力的画面。老后的作品深刻地透析了百姓生活及他所深爱的土地。他在捕捉人物活动的瞬间和对镜头平衡的独到把握等，都充分地体现了作为一个具有丰富想象力的艺术家唯美的眼光。"

2002 年 10 月 26 日，老后应邀出席在中国科技馆举行的联合国教科文组织的首届《人类贡献奖》国际民俗摄影年赛颁奖暨国际民俗摄影研讨会。

2015 年，著名服装设计师马可，一个致力于传统手工艺的传承与创新者，为了解湖南此方面的情况，率公司人员来到隆回，深入滩头了解、记录这里的年画制作工艺，以及手工艺人的工作与生存状态，然后到瑶山考察，去这两个地方都是请老后全程陪同。老后向马可详细介绍了滩头年画的历史与现状，讲述了花瑶的民情与风俗。马可通过录音、录像等方法，再现了这些内容，并在老后及他的徒弟陆显中的鼎力相助下，收集了大量的原始资料和珍贵文物，回去后在北京举办了滩头木版年画大型展览，展览持续时间长达半年。马可深情地写道："亲爱的老后前辈，看起来总在别人的后面，实际上，却永远跑在人们的前面。"

2015 年 9 月，老后应邀赴云南香格里拉出席联合国成立

70 周年纪念活动暨第九届世界民俗大赛"人类贡献奖"颁奖仪式,来自 100 多个国家的艺术家欢聚一堂。老后再次获奖,他带了两件家乡民间艺术瑰宝——滩头木版年画,在隆重的颁奖典礼上赠送给联合国总部,以纪念联合国成立 70 周年。他让家乡的传统文化瑰宝再次叫响联合国。

通过他的努力,隆回民俗文化得到更广泛地传播。

走出国门

1999 年，老后接到赴法国出席联合国教科文组织发起的"世界民俗摄影联合会"筹备会议的通知，并被邀请以联合国贵宾的身份，随同时任政治局委员丁关根为团长的中国代表团参加"巴黎·中国文化周"活动。

当时他正与夫人朱春英都在北京，通知要求他着西装参加大会。老后一辈子没穿过西装，他真不想穿西装。

春英劝他："既然通知有要求，那我们还是去买一套西装吧。"

老后听取了夫人的建议，两人不敢到首都的一些大商场去看衣服，只到一些小弄子里穿行，最后选了一套标价 1800 元的西装。春英一咬牙："就买这一套！"

"太贵了吧！再走走看看。"老后真舍不得花这么多钱。

"你这是第一次参加国际大型会议，不能穿着太差。钱紧了，我们回家再吃盐菜就是了。"春英回答得很坚决。

他十分珍惜这一机会，他想：参加这样一个会议实在是不容易，这是一个千载难逢的机会，我一定要抓住这个机会，向国际友人宣传隆回的民俗文化。他和老伴商量，要带两件最好的花瑶挑花裙去巴黎，送给联合国教科文组织。春英连声叫好："把花瑶挑花裙带到联合国去，我们隆回花瑶的挑花裙就能走向世界了。"

老两口把老后从瑶山买回来的那些挑花裙抱出来，一条一条地挑选，老后说这条不错，春英说那条更好，选了半天，最后两人都记起来了，还有两条裙子锁在另一个箱子里，两人相视一笑，选定了那两件。

这两件精美的裙子，勾起了春英的回忆：每月一领到工资，第一件事就是给老后买好胶卷，给他准备好上瑶山的钱，然后再买粮食和食用油。家里一个月难得吃上一次肉，就连蔬菜，也只能买最便宜的。工厂大门外就有卖菜的，可她总是嫌贵，常常一个人走上好几里路去县城中心市场，那里的菜价相对要便宜一些，但即使到了那里，她还是去选降价的便宜菜。别人说：你舍近求远，这是何苦啊？她冲人家笑笑，说习惯了，就当是散步锻炼身体。人家哪里知道，这是在为老后节省外出采风的钱。有次，老后从瑶山回来向春英提出追加活动经费，说是看到了两条很精美的裙子，他预订了，想下次上去时买下来。春英拉开抽屉数了数钱，所有的钱还不够买一条裙子。她对老后说：隔壁某某借了我的钱，我去要回来。憨厚的老后嘿嘿一笑："想不到你还有私房钱外借啊。"春英骄傲地回答道："那是我在单位一年的加班补助啊！"她很快就从邻居家为老后拿来了钱，老后高兴了，可苦了春英三母子，她连最便宜的菜也买不起了，每天等菜市场收场时，她就提一只竹篮去捡人家扔掉的菜叶。老后从瑶山买回这两条挑花裙时，像捡到一个宝贝似的，每年农历六月初六他都要春英拿出来晒晒。

春英拿来两个精美的袋子，十分虔诚地打好包，装进老后的行李箱。她一再叮嘱老后，往箱子里放东西时千万要注意，不要把挑花裙压出褶皱来，否则就不好看了。老后到北京集合后，春英还在反复叮嘱："别的东西丢了不要紧，这两件东西可千万丢不得。"老后哈哈大笑："你放一万个心，这两件宝贝我比你看得更重，就是把我丢了，也不会丢失这两件宝贝。"

　　这两件精美绝伦的花瑶挑花裙随老后漂洋过海，来到了法国首都巴黎，老后无心观赏这里的美景，一心只想早点把这两件花瑶挑花裙送到联合国官员手里：一件送给联合国总部，一件送给联合国世界文化部部长特雷娜女士。

　　在"世界民俗摄影联合会"筹备会议大厅里，老后见到了特雷娜女士。特雷娜女士握着老后的手说："久仰你的大名，欢迎你的到来。"老后对她说："我从中国给联合国总部为你带来了两件礼物，希望你能喜欢。"

　　他把带来的花瑶挑花裙拿了出来，展开给特雷娜女士和与会的专家们看。特雷娜女士看到这精美的图案，眼睛睁得好大，脸上露出了灿烂的笑容。其他人也立马围了过来，一起欣赏这精美的挑花裙，眼里露出了惊讶，有的问老后："这么漂亮的图案，是要先把图描上去吗？""不需要，我们的花瑶姑娘聪明极了，所有的图案都在她们的脑袋里。"老后生怕人家听不懂，边说边指着自己的脑袋。"绣一幅这样的裙需多少针？""三十万针。"听者吓得吐出了舌头，继续追问："那要多长时间？""不长，半年可以绣出一幅。"老后立马成了焦点人物，仿佛成了答记者问。特雷娜女士对一位记者说："来，给我和老后先生来个合影。"她抓起挑花裙的一角，让老后抓住另一角，联合国的一位世界和平亲善大使阿丽丝女士见状，也马上抓起另一幅挑花裙的一角，要中国代表团的一位成员抓起另一角，在法国巴黎留下了永恒的照片。

此后他随团访问了法国、德国、卢森堡、比利时、荷兰等国。

从欧洲回来后，春英催他："第一次出国，也给我分享分享。"

"其实，人家外国开会并没有要求统一穿西装，我买过去的西装也没有穿。"

"哦，就这个？"春英有些失望。

"还有，在法国的一些公共厕所要收费，每天光上厕所就要几十块钱。为了减少开支，我尽量少喝水。"老后得意地看着妻子，当觉察到妻子对他的这些答复并不满意时，他又立马补充，"法国的农村还是很美的，我们看到的一些地方几乎家家户户屋

老后将两件国家级非物质文化遗产"花瑶桃花裙"赠给联合国教科文组织总部，受到世界文化部部长特雷娜女士（右一）的高度赞赏。

外都有小花园。"说完他掏出一把照片，一一讲给春英听。

听了他的这些讲解，春英仿佛觉得同老后去瑶山一样，这次也随他出过国了，她开心地笑了。

此后，老后又连续四次应邀参加了"联合国教科文组织世界民俗摄影理论研讨会"。每次去时，他都要带几张滩头年画，赠送给国际友人，并多次在教科文组织参与举办的"人类贡献奖"国际民俗摄影专家大赛中获奖。

第一次见冯骥才先生

长时间的在外奔波，资料积累了不少，但如何更好地利用这些资料，怎样更好地宣传瑶山？他有些迷茫了。

为了把花瑶向全国推介，2004年，经过长时间的思考，他想到了要去拜见一个人。

他向妻子说："春英，我想去拜见一个人。"

春英大吃一惊："你向来都是背起背包就走的，今天却同我讲起要去拜见一个人。"

于是春英问："你要去拜见一个什么人？这么郑重其事。"

"我想去拜见一下冯骥才主席。"

"冯骥才主席是干什么的？我们隆回没有这么一个人吧？"妻子春英一头雾水。

"冯主席出生于天津，这个人可不得了，他是中国当代作家、画家，社会活动家，是中国文联执行副主席、全国政协常委，任中国作家协会理事、中国民间文艺家协会主席、中国文联副主席，到世界上很多国家考察访问过。他在文学、绘画和抢救民间文化遗产方面都是全国有名的专家。"

"哦，这么厉害的人物，人家哪有时间见你这么个老头？"

但老后决心一定要去冯主席那里，今后的路怎么走，他想要冯主席给他指明方向。

去天津之前，他做足了功课，他把多年来拍的照片进行放大，分类整理，装了一个大背包。老后背着这些东西，同妻子朱春英一道去了天津。

到了天津大学，他们见到冯主席的秘书，秘书问："您是从哪来的？"

"我是从湖南大山里来的，我想拜访一下冯主席。"

"见冯主席要预约，您预约了吗？"

"我哪晓得要预约啰，我就想拜访他一下。"

"见冯主席要他自己愿意呢，他要不同意，您就没有办法见到他呢。"

"多年来我一直从事田野调查，拍了很多的照片，也写了一些东西，我想请冯主席给我指点指点，我来一趟也不容易，你能帮我联系一下冯主席吗？"满头白发的老后，面对眼前的这个年轻人，有些近乎哀求了。

秘书很同情老后，他就向冯主席报告了。

冯主席在电话里说："我看过老后在报纸杂志上发的很多照片，但是没见过这个人，既然来了，就见见吧。"

夫妻俩在接待室等，大约过了一刻钟，冯主席赶来了，身材高大的冯主席把老后吓了一大跳，他要仰视才能看到冯主席的脸。冯主席满脸笑容地走过来同他们夫妇握手。

坐下来后，老后迫不及待地把他包里的照片拿出来，一张一张地讲给冯主席听。冯主席看到这些照片也很兴奋，不厌其烦地听老后介绍⋯⋯

转眼就到了下午下班的时候了，这时老后后悔了："我光顾着介绍照片，我还有重要的事要向冯主席请教啊！"

冯主席似乎看出了他的心事，于是说："这样吧，你们就近住下来，我们先吃饭，吃饭后继续聊。"

听到这话，老后兴奋不已！他打心里感激冯主席："多好的一个领导啊，学富五车而又平易近人。"

他立即把铺满一地的照片整理起来装入背包。夫妇俩跟着冯主席的秘书就近找了一家宾馆住了下来。

晚饭后，他继续同冯主席聊花瑶，从花瑶挑花讲到独特的婚俗，他讲得津津有味，冯主席听得入了迷。他又把大托石瀑、原始森林的照片拿出来给冯主席看，这些照片让冯主席爱不释手。

老后话题一转："这里的老百姓好淳朴、好善良，但是这些地

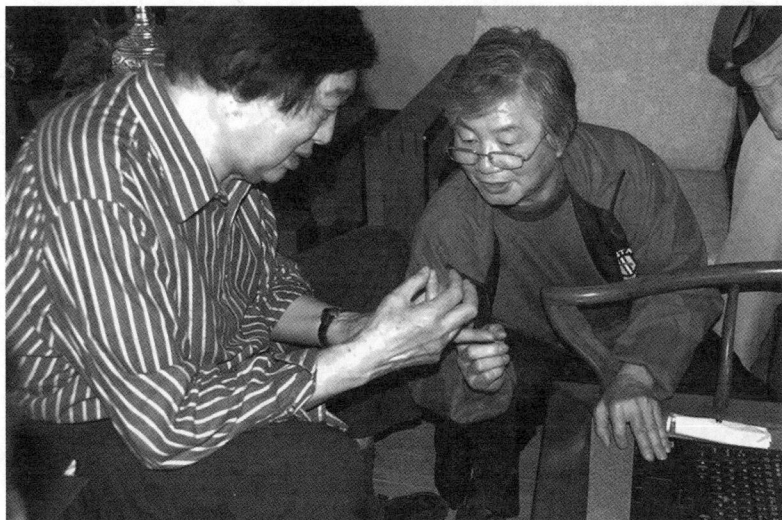

冯骥才主席对老后深入探讨湖南民间梅山法师的手诀造型与意境有着浓厚的兴趣。

第一次见冯骥才先生

方还很穷，这里的旅游也还没有起步。是不是可以通过我的笔和照相机，把瑶山宣传出去，以改变那里的落后面貌。"

冯主席告诉他："你要把这些资料整理出来，出一本图文并茂的书。对于那些濒临消亡的传统文化，你也要抓紧时间去抢救。"

聊完天之后，冯主席又带着他们夫妇看了他的展览，有好几个展览馆，展出了他的270多部作品，又看了他搜集的各种非物质文化遗产的展览。看到这些，他们夫妇俩感到非常震撼。

老后按冯主席的要求去做，结集出版了《神秘的花瑶》。在后来的几十年里，他一直按照冯主席的要求去做。

全程陪同港商

2004 年底，住在长沙女儿家的老后接到县委书记钟书记的电话："老后，请你抓紧时间尽快回隆回来，香港客商荣根宝先生想来隆回投资搞旅游开发。这么多年来我们隆回的旅游开发没搞起来，一直是我的一块心病。荣先生是一位有实力的老板，可我们陪了他 3 天，他都没表态。我们说一千道一万，还不如你老后回来同他说一番。"

老后接到电话后，二话没说，当天坐班车往隆回赶。

老后最先陪荣先生看了滩头的土法造纸，同他聊中国的四大发明、滩头的上万亩楠竹给当地带来的繁荣，带他看了滩头年画大生昌作坊、高蜡梅作坊，向他介绍滩头年画是湖南省唯一的手工木版水印年画，从明末清初历经数百年的发展，到民国初年，有影响的有"忠良美""生盛昌""和顺昌""正大昌"等商号，逐步形成了自己独特的美术风格：艳丽、润泽的色彩，古朴、夸张的造型，纯正的乡土材料和独到的工艺，使作品具有浮雕一般的效果。临近年关，滩头各店铺的大批年画由画商批量销往贵州、云南、广东、广西、湖北、江西、陕西等省区，同时还远销泰国、越南等东南亚国家及中国香港等地区，年销售量达到700多万张，居全国年画产量第三位。老后还告诉荣先生，鲁迅先生在《朝花夕拾》中专门描述了滩头年画《老鼠娶亲》，并将该画视为珍品收藏，此画在大英博物馆里亦有收藏。2003年，滩头年画在北京获得中国传统工艺品金奖。

看了滩头老街以后，老后又陪同荣先生看岩口镇河边村的惜字塔。老后向荣总介绍道：河边村的村民自古崇尚读书识字，代代出秀才，却无人考中举人，更无人中进士，点翰林。后经高人点醒，这是因为村里的人常将字纸随手乱丢，任意践踏；或用来包裹脏物，擦桌糊窗；甚至还有用来充当茅厕手纸，亵渎了文明，触犯了孔圣人。后来，蒋子玉的父亲牵头，附近村民捐款捐物，修建了这座"惜字塔"。从此，村民将废弃的文稿字纸捡到惜字塔中焚烧，不再乱丢弃。第二年，该地果然考中了两名举人，后来又考中了一名进士。站在塔前，老后如数家珍：此塔建于清道光二十九年，塔高12米多，为三层阁楼式砖石结构。第一层为四方形，石墙高1.52米，边长3.92米；正面嵌石碑，中心开炉口，上方用楷书阴刻"惜字塔"三字。南北塔壁上各嵌石碑一块，记叙修建惜字塔的目的和意义，告诫后人"读书当因敬字而惜字"。第二层呈八方形，叠涩式石檐，塑飞禽走兽。八方设窗台，四虚四实，虚实相间。四面实窗内塑有佛像，两侧雕双龙抢宝，形态逼真。第三层为六方形，均开有实窗，窗内也塑有佛像，形态各异，栩栩如生。塔顶用砖砌如意斗拱，拱下塑有麒麟，六方檐角饰以风铃，清风徐来，清脆悦耳。塔内同时供奉了仓颉、文昌、土地等神明。

荣先生佩服老后的记忆力，便问："老后，你到这里来过几次了？"

"我也不知道来过多少次了。但每来一次，我就要将碑文读一遍，所以这些都已烂熟于胸了。"

两人在岩口住了一晚。次日上午，老后陪荣先生去双江水库一旁看九龙回首，远远望去，一块巨石恰似一个龙头回望，前面一些弯弯曲曲的树木犹如龙须，老后讲得兴高采烈，荣先生却没有附和。老后知道，荣先生对此没有兴趣。

于是，他们从山上撤下来，绕一个大弯后，从原岩口水泥厂后面沿湘黔小西线步道上山。两人踏着石板古道行至膝头岭时，老后站在磨膝石前对荣先生说："你看这光滑的石头，相传为仙人所赐，如果走路和挑担累了，只要将膝盖到这石头窝里磨几下，立马就会有力气了。"听老后这么一说，正好已有几分倦意的荣先生真的将膝盖伸进去磨了几下，两人相视大笑，疲劳真的消除了。

老后告诉荣先生，在膝头岭这一线，原来有3个茶亭，现在仅存中间这一处了。此亭名"仙迹亭"，它不仅可供往来行人歇脚纳凉，饮茶聊天，也是文人骚客评品亭门两边石刻名联之乐的绝佳地方。老后招手引来荣先生，告诉他这是岩口白竹坪清代秀才黎晓垣先生撰写的，他可是联坛的顶尖高手，请看联语："客从何来，者番劳碌征程，极岭峻山崇，世路几经奇险处；我行且止，到此放空眼界，笑云奔雾逐，众峰都在急忙中。"荣先生边念边颔首："佳联佳联！万丈红尘、芸芸众生不都是在追名逐利的熙熙攘攘之中吗？这副对联非常形象地写出了这么一种形态，这是非常有文学性、有境界的好联，它既写出了人生哲理，又把众山给写活了，写出了灵气。"

"哟，荣先生还很懂文学？"

"不能说懂，略知一二而已。"

两个人边走边聊，老后陪荣先生看了山上的大小天坑，当晚夜宿山上农家。

从九龙山下来后，他们来到六都寨水库。站在大坝上，老后向荣先生介绍道：这个水库是邵阳市第二大水库，也是湖南省最大的土坝水库，以灌溉为主，兼有防洪、发电、旅游等综合功能。它于1977年开始修建，1991年蓄水发电。大坝高70米，长470米。汇水面积338平方公里，库容1.3亿立方米，最大水深63米，水库长22公里。从这里乘游船可以直达清末重臣魏光焘故居和魏源故居。水库两岸青山环绕，库区内水草丰富，鸟类聚集，是典型的湿地公园。

听到老后报出一长串的数字，荣先生打趣道："老后，你的脑袋里装有电脑啊！"

老后指着六都寨街中间地段告诉荣先生："那里就是我小时候长大的地方，谁不说俺家乡好呢？"

老后招呼水库的游船靠岸，两人坐上船，老后又是一路地说起来，直到水库的库尾才靠岸。当晚他们住在魏光焘故居附近。

次日一大早，老后又同荣先生去看了魏光焘故居，他讲述了魏光焘的生平事迹，请荣先生欣赏魏光焘故居的窗花。荣先生说："这每一个窗花都是一个精湛的艺术品。"

从魏光焘故居出来后，他们又向魏源故居赶去。

站在魏源故居的坪里，他向荣先生提了一个问："这个故居最先是有两个大门的，一个是堂屋正对面，一个是现在的这个侧门。考你一个，为什么要开两个大门？"

荣先生思考了很久，双手一摊，摇摇头。

老后告诉他："魏氏族人们非常迷信风水。堂屋前面的这个大门正对着望云山，他们觉得不理想，于是在左前方又开了一个侧大门，当地人称为槽门，他们认为槽门比大门更重要。"站在槽门边，老后往这个方向指去，对荣先生说："你看，从这个方向看去，前方就要开阔得多。每年正月初一先开哪个大门也是很有讲究的，要先翻看皇历，哪方旺就先开哪个大门；哪方不利，哪个门先是不开的。"

来到前排堂屋里，老后指着悬挂在屋梁上的"纶音箱"说："这是用来收皇帝老子发给魏源长辈们的奖状用的。过去嘉奖不光是发给本人，还可以用黄绸抄写发给其长辈，以光宗耀祖。"

来到读书楼，老后给荣先生讲了魏源小时候的两个小故事。

挨打之后

魏源小时候，学习不专心，成绩不佳。七岁时，先生对他进行考试，他答得牛头不对马嘴。那个时候，学生家长是根据学生的成绩给先生送束脩(学费)的。学费多少是小事，坏了老师的名望，非同小可。先生气不过来，顺手拿起桌上的砚池砸过去，正中魏源脑门，魏源当下昏死过去。先生见此情景，三魂吓去了两魂，心急如焚，三十六计走为上计，他拔腿就跑。可走到半路上正碰见魏源父亲邦鲁公。他见先生神色慌张，气喘吁吁，忙问："什么事，先生？"先生一看，走不脱了，只好如实相告："我……我……对不起您，刚才，您家少爷被我打死了！"邦鲁公没有责怪先生，两人一同回到家里，这时魏源已苏醒过来了，先生才放了心。

自此以后，魏源发愤读书，专心致志，废寝忘食。先生每天布置的学习任务，他都完成得很好，所教的课文他都能倒背如流。渐渐地，先生感到不能胜任了，只好建议他外出求学。

应童子试

魏源小时候，最爱吃零食，饭反而吃得少。九岁时，父亲送他去宝庆参加童子试，考前给他买了两个发饼。进场时，考生们基本到齐。主考官手里拿着茶杯，一口将茶喝干，顺手拿过一张太极图，翻过杯子罩住，随即出对："杯中含太极。"其他考生一个个张口结舌，不知如何作答。这时，魏源挤到考官面前，随口答道："腹内孕乾坤。"主考官被惊呆了，半晌才问："有证据吗？"魏源大大方方地从衣袋里掏出两个发饼回答道："这不是吗？我吃了这两个发饼就要考虑天下大事。"

听到老后讲的这两个故事，荣先生不敢到魏源的座位上坐，而是选择魏源座位后排的一个位置坐下来，仿佛听到了魏源的琅琅读书声。

从魏源故居出来后，他们没有停留，径直上望云山。

站在天门寺前面，老后又说开了：

据清道光《宝庆府志》记载，"康熙《梁志》云：秦卢生隐于此，以西望武冈侯生所隐之云山，山因以名。"说的是秦始皇为寻长生不老之药，派卢生和侯生南下寻药，卢生来到首望山，侯生去了云山。虽然相距数百里，但彼此牵挂，每到夕阳西下的时候，卢生登上山顶，西望武冈云山，盼望能看到武冈云山的侯生。后来两人都修炼成仙，首望山便改名为望云山。

站在天门寺前面的大坪里，老后讲了"滚龙坪"的故事：

据说，在很久很久以前，这里原本是一片大海。两条小黄龙从小性子缓慢，贪玩贪睡，晚上两个常常外出玩捉迷藏的游戏，有时在哪里玩累了就在哪里倒头便睡。这龙王爷也溺爱这一对小龙，顺其自然，对它们的贪玩行为也从不加以干涉。谁知一夜之间，沧海桑田，龙王府的其他亲属都举家外迁了，唯独这两条小黄龙却不知贪玩睡到哪去了，任它们的家丁怎么找也找不着。待它们一觉醒来，已是太阳出来晒屁股了，它们这才发现自己已是困在这山顶上。

"山中方七日，世上已千年。"两条黄龙在这大山中待久了，觉得英雄无用武之地，于是决定游回大海。但它们知道，如果自己翻身，一定会给下游的老百姓带来灾难。两条黄龙历来同这里的人和睦相处，它们不愿意去伤害这里的人，于是两条黄龙商议，决定宁可委屈一下自己，也决不去伤害百姓。一天清早，大雨滂沱，两条黄龙在仙人的护卫下，决定趁着大雨离开这里。为了不伤害附近老百姓，两条黄龙决定一东一西分头离开。它们见自己终于可以游出大山了，于是又高兴得忘乎所以，未等仙人注意，它们变成了两条泥鳅，钻入了浊水之中。

仙人不见了黄龙，急得像热锅上的蚂蚁，于是急忙往东寻找，到达罗洪时，便问一位清早起来管大水的农夫："请问你看到前面有黄龙没有？"农夫说："我没看到有黄龙，刚才只看到有一条黄泥鳅从我脚背上溜了过去。"仙人知道，这条淘气的黄龙又走出很远了，于是大步流星往前追去。到达今"扮龙洲"上游时，他看到一条黄龙在洪水中一起一伏，他刚想伸手抓住它，哪知水流太猛，仙人没有抓住它，黄龙已随洪水摔了下去。"扮龙洲"由此得名。

另一条黄龙从望云山北麓出发，从大水洞经羊古坳至六都寨，沿着河流一路下来，在十二生肖中有辰龙，辰水河即是有龙游出的河，由此得名。此龙一路游出，一路观看着沿途的景象。不知游出了多远，越游越觉得不如它从小待过的望云山的景象，于是便有了不如回去的念头。它便尾巴一甩，又往回游了，在新宁境内，它尾巴甩重了一点，于是便有了回龙天坑。在邵阳县郦家坪便有了回龙村。洄游到羊古坳与金石桥交界处，它觉得自己进了槽门了，于是在此歇息了一会儿，龙回关由此得名。

人们说，这两条黄龙游出时，没有给下游造成灾难，只是它们翻身时，在望云山山顶造出了一个滚龙坪。

如今，两条黄龙已不知身在何处，只有滚龙坪还在，依旧在见证着人们的传说。

听了老后的故事，荣先生笑着说："老后，你脑袋里哪有这么多的故事？"

老后说："我的故事再丰富，也没有这山上的旅游资源丰富，这里夏初可以看到满山的杜鹃，红的、黄的、紫的，各色杜鹃花竞相盛开，争奇斗艳，把整个望云山装扮得分外妖娆。冬天可以来滑雪，这平坦的草地就是一个天然的滑雪场。"

老后又带荣先生看了山顶的烽火台，站在烽火台上，方圆近百里尽收眼底。

从望云山下来后，他们来到了另一座名山——大东山。

这一天晚上，他们就住在东山禅院。雨后初晴的晚上，夜晚天空如洗，没有一丝云彩，他们两个每人搬来一张椅子，在禅院的大坪里看星星。荣先生说："好久没看到这么多、这么亮的星星了。"

老后向他讲起大东山供奉的药王菩萨，说起山上数百亩连片的樱花盛开，每年有数万人到这里来看樱花……两人一直聊到山下村子里的狗都睡觉了，他们才休息。

第二天清早，山下突然起了大雾，很快变成了云海，老后看了激动不已，马上回到房子里拿照相机，同时兴奋地把荣先生给摇醒，要他赶快起来看云海。

荣先生连续几天的奔波，本想好好睡一觉，但经老后这么一吆喝，只得爬起来同他去看云海。

跑到寺门外往山下一看，这奇异的云海景象着实把荣先生惊呆了！

山下的所有空间都已被云海填满，显得那么厚实而又密不透风。其他地方的云海都是过眼烟云，一阵风吹过来，就被吹得烟消云散。由于山下是四周高中间低的小盆地，这里的风难以吹进来，所以云海迟迟不会消散。随着太阳的升起，山下的云海像煮沸一样，开始不停地翻滚，然后每一个山顶又像是一台大型的抽烟机，把云雾从每一条山沟往山顶吸去。

老后手中的相机咔嚓咔嚓响个不停，荣先生在山间小径上不停地变换观察地点，一个劲地喊"好看好看"。

吃过早饭后，他们从西山上庞家山。老后介绍道："宋末元初，庞振（1263—1343）自吴西宦游南楚邵邑，弃官隐居此山，拓荒辟壤，置业兴家。庞振长眠于这里，后代在此繁衍，故得名庞家山。"

老后把荣先生领到古老的寺院前接着说："明嘉靖年间，罗洪善士罗慈德娶西山马蹄印胡氏为妻，扎根于此，生善继、善述二子。一家四口勤劳、厚道，与人为善，济贫救困。冬日常在庞家山伐薪烧炭。传说檀香直冲南天门，惊动了玉皇大帝。玉帝感其烧香、作揖之虔诚（其实是在烧炭和劈柴），特赐仙桃，三人分食后羽化登仙。后人塑了这三尊石像以纪念罗公父子。

"隆庆元年（1567），在此山修建禅院，以罗慈德名为号，将禅院起名'慈德寺'。相传每逢干旱或火烧山林时，求助罗公真仙，有求必应，灵验非常。《宝庆府志》赞誉此山为'风雨名山'。"

荣先生微微颔首，表示听懂了。

他们来到香溪，这里被老后称为十里画廊，此地的大小山脉和山沟就像一个牛百叶，但每一个褶皱里都是一道风景，都与众不同。老后领着荣总在沟岭中穿行，总有看不完的风景。

两人边走边看，经过木瓜山水库大坝后，继续往上爬，来到了白马山顶。这里海拔1780米，主峰面积不到30平方米。《湖南民谣》云："隆回白马山，离天三尺三，人过要低头，马过要落鞍。"站在山顶上，老后一口气背下了清代泸溪人廖友尚在游历了白马山后写的《游白马山记》："噫！元季之乱，陈友谅称尊号于楚，豪杰之景从者，莫不藉其声势以邀富贵于无涯，又谁肯洁身避害，高蹈世外？而兹三女独能识时远遁，其全真也不亦宜乎！刹之后有望日台，可以测日出，其广丈余，高二丈有奇。南望武冈之云山，西望辰靖之五溪、二酉，北望新化之熊山，东俯资邵之环绕郡郭，东南遥望，云中微露山顶，则南岳之祝融峰也。指顾之间，千里如历，洵吾楚之胜境矣。昔尚之北上，虽溯洞庭，涉黄河，于名山则未暇登览也。今虽不能如古人之登昆仑以眺八荒，亦庶几乎小鲁矣。"

听到老后背出全文，荣先生叹服老后的记忆力。老后莞尔一笑，告诉荣先生："史传下来有文可考赞美白马山的，廖友尚这篇文章算是较早而又比较全面的。"

老后又向荣先生介绍白马山的传说：

"据说，陈友谅的三个女儿共骑一匹白马，被朱元璋的部下追得走投无路。情急之下，他的大女儿对白马说：'宝马啊宝马，如果你要救我们的命，就退着上山吧。如果你不救我们的命，就掉过头来，冲入敌阵，我们就与敌人拼个鱼死网破。'这白马很通人性，它流着泪，立即退行上山。

"朱元璋的部下追过来时，见马的脚印朝山下，以为这三姐妹是从山上往下跑了，于是掉转马头，没有再追上山，三姐妹得以转危为安。

　　"三姐妹一口气跑到了山顶，但这山上荒无人烟，又如何安身？她们急得直跺脚，脚下的岩石铿铿作响。莫非这脚下的石山是空的？她们反复寻找，终于找到了洞口，这洞口仅能容一个人爬行进去，但里面却豁然开朗。姐妹仨喜出望外，以洞为家，安顿了下来。山上漫山遍野长满了野葛麻，她们白天到山上割麻，晚上借着月光，就着洞顶石壁上的一汪清泉绩麻，碰上赶集的日子再拿到山下去卖，买回日用品。直至今天，这山顶岩壁上离地约60公分高的地方，仍可见一仅有拳头大小的石眼，坑内贮有约一酒杯多的水，颜色微黄，人们说这就是绩麻水。令人称奇的是，游人至此，几十个人接着喝，水也不会干涸；长时间无人去喝，它也不会溢出来。一年四季，这一汪清泉都是这样不涸不溢。"

　　说着，老后领着荣先生来到下面巨石上的绩麻石旁，指着这一凼水说："据说喝了这绩麻水，人便不会肚子痛。"望着眼前这神奇的泉水，荣先生读起了《白云泉》中的话："云根流玉液，发泄出巅岩。香洌堪为酒，清泠可煮茶。"

　　老后哈哈大笑说："茶就不用煮了，因为饮了这水就可以治肚子痛，谁还去画蛇添足多此一举呢？"

　　老后又接着讲故事："这三姐妹不但会绩麻，由于她们自小跟着父亲走南闯北，还认识很多草药。山下有人病了，都会向她们讨草药治病，她们分文不收。后来她们又毫无保留地将草药知识传授给附近群众，据说花瑶妇女会采草药就是向这三姐妹学的。

"三姐妹的行为也感动了神仙。为了方便大山中群众的生活，神仙在白马山靠麻塘山这边安了四十八张屠桌，安排了紫燕为三姐妹除害；在靠大水田这边安排了男女将军各一名，为三姐妹充当守护神；还在大湖凼、长湖凼放养了鱼，让三姐妹自己去打捞。

"三姐妹还坚持学道，功德圆满时，竟在这山上得道升天了，只留下肉身在这洞内。由于她们会辨识草药，其肉身竟然不腐。有胆大者到洞内察看，洞内弥漫着香气，三姐妹像安然熟睡一般。来人拿随身携带的针一扎，居然还有血流出来。于是一传十，十传百，附近很多人都将此作为奇观，来看的人川流不息。这可激怒了天上的神仙，在一个风雨交加的夜晚，神仙将这洞口给封住了。如今你在上面跺脚，仍能听到铿铿作响。"

荣先生听他这么一说，用力跺了几脚，还真铿铿作响。两人相视一笑，兴奋得像两个小顽童，全然忘记了一路的疲劳。

从白马山下来，他们来到旺溪看瀑布。为了节省体力，他们没有从下面绕大圈子，而是从上往下走。老后一路提醒荣先生注意脚下的安全，一路侃侃而谈。

第一道瀑布叫龙过江。你看瀑布从绝壁上腾空而下，在嶙峋的崖壁上流转、崩落，撩起一条条玉带，远远望去，似一条条白龙摇头摆尾而来。到近处观，水雾似白纱纷纷飘落下来，飘逸、洒脱，以高雅的气质萦绕于观者之心。

第二道瀑布叫虎跳崖。它腾空飞泻，直下峭壁深谷，气势磅礴，如虎啸雷鸣，惊天动地。它是这五个瀑布中最为壮观的一个。搭上古韵十足的竹筏，到飞流直下三千尺的地方接露煮茶，沁人心脾，人与自然水乳交融。

第三道瀑布叫回水湾。水从峭壁缓缓倾泻而下。水下石头依次外凸，即使在枯水季节，也能将水分出较多的层次，形成许多音阶似的坑洼，层层水色晶莹剔透，水流抹滩相撞，溅起千万朵水花，又形成一道道回水，水潭清澈见底，乍一看，竟不知水从何方来，流往何方去。

第四道瀑布叫金子瀑。此瀑在阳光照耀下成七色彩虹，熠熠发光。溪水从厚薄不一的片石上流过，发出悦耳动听的声音，如鼓钹金声，更似交响乐曲。奥斯卡奖获得者谭盾能将人们日常听到的最熟悉又最不经意的声响——水声，经过手和各种器皿的操作，演绎出独具特质、韵味无穷的交响曲《永恒的水》。那是他的天才创作，而这里的水声，则完全是大自然的造化和赐予了。

第五道瀑布叫仙牛戏水。瀑布下有一岩石，远远看去，像一头憨厚可爱的牛，水从牛身上流过，洗涤着它的每一个毛孔，又像是牛儿卧在水凼中，任水儿戏耍着它的每一根毛发。

看了旺溪瀑布后，他们来到花瑶古寨——崇木凼。

老后领着荣总沿山中石板台阶路拾级而上，约10米，即见到一古朴石碑。

站在石碑前，老后指着这石碑说它颇有来历：据说光绪八年，大雪压倒了崇木凼的几棵古树，按族规，私人不得砍伐，也不得从树下捡柴，以免破坏了当地的风水，但仍有三人私下里将这些树枝捡了回去。对于花瑶人来说，古树和祖坟是绝对不能冒犯的，因为它们代表着整个宗族的龙脉与气运。在族长的带领下，全族的人都到场，按照族规对这三人进行了非常严厉的处罚。为了避免以后再次发生类似的事情，沈姓花瑶请来汉族工匠将这些禁伐古树的禁令明确地刻在石碑上。碑文为：

永远蓄禁

祖茔重地，禁止开砍捡柴烧灰，此系大典，亦系仁人孝子之所亟严者也。倘有不遵者，一经拿获，送上究治，决不容情。

沈开当公　男香保公　敬次公　后裔　仝定

光绪九年腊月二十八日

由于年代久远，阴刻的碑文笔画较小，字大小不一，因而难以辨认，好在老后记忆力好，不用看石碑，也能全文念出来。

老后说，这是花瑶人崇拜古树、爱护古树的一个绝好注脚。花瑶人祖祖辈辈都和寨子里的古树长久相依，在他们心中，这些古树饱吸天地灵气，早已是神了。这些神时时刻刻在庇护着他们，所以花瑶人对古树倍加敬畏，谁也不会贸然伤害它们。这里的沈姓族规规定，祖坟重地里的树木归全族人共有，除了清明节祭祀完毕可以捡些树枝用于为参加祭祀的人烧火做饭以外，其他任何时候和任何人都不得捡拾祖坟山里的树枝，更不得砍伐树木。所以即使树木枯朽在地，花瑶人也不敢拖回家自用，就让它自生自灭，让其来自泥土，再还原于泥土。

为了迎接远方的客人，村里在古树林后面的这个坪里组织了一场篝火晚会。晚上打起锣鼓，篝火渐红，热情好客的花瑶青年男女围着篝火载歌载舞。老后邀请荣先生一同加入晚会。多情的花瑶少女穿着五彩缤纷、鲜艳耀眼的服饰，向荣先生款款走来，用火辣辣的眼神直瞅着荣先生，意欲与他对歌。只见她们张口就来：

送情郎

日头落土四山黄

妹去担水送情郎

> 娘问为何去咯久
> 妹说鸭婆和浑坑
> 我老常
> 手提瓢勺等情郎

荣先生整个人都蒙了，不知所措。

为了消除荣先生的尴尬，老后走过来向他解释：

这首歌所讲的一个故事是：在即将日落西山之前，瑶家姑娘的情郎要回去。姑娘恋恋不舍，借口去担水，实际是偷偷溜出来送情郎。她娘问为什么去了这么久才回来，姑娘就撒谎说一只鸭婆把水搅浑了，只好等水清了才能挑回来。其实一只鸭婆根本不可能搅浑溪间清亮的溪水，但这是一个美丽的谎言。试想，一个衣着艳丽醒目、花裙飘飘的瑶家姑娘，手提木瓢，呆立水边，倒影中恋恋不舍的目光一直溜溜地望向山的尽头，这本身不就是一幅绝美的油画吗？

这回荣先生听懂了，他哈哈大笑起来。

当他还沉浸在这几句歌词里，姑娘们又来到他身边，继续唱道：

> 打起来，唱起来。
> 唱得深山雀鸟叫起来，
> 唱得深山树木颠起来，
> 唱得河里石谷泡起来。
> 少年乖，
> 唱得你妹妹丸心把把痒起来。

荣先生还是搭不上腔，一碗米酒变魔术似的送到了他面前，由不得他不喝。

晚上，老后同荣先生在崇木凼住了下来，老后又向他继续介绍：

　　每年农历的七月初八至初十，在这里举行花瑶的传统节日——讨僚皈。它的意思是逃脱凶恶的菩萨。这一活动源于清雍正元年（1723年），据传麻岽瑶族有七姐妹，被豪绅廖元翁带领二百余人追赶，引起花瑶人的反抗。廖元翁谎报军情，称瑶族造反，请朝廷遣兵镇压。瑶族人民不畏强暴，英勇奋战，在大沙江与清兵大杀一场，瑶民死伤甚众。剩余的人败退至小沙江，清兵跟踪追杀，又在此小杀一场，在这两地共死伤瑶族数百人。经历这两次大屠杀后，所剩存的瑶民被迫越山绕道退到麻塘山隐居。

　　清兵直追到五都大水田一带。花瑶人民凭借"一夫当关，万夫莫开"的地形，与敌周旋，不断出没在山林中，奇袭清兵，吓得清兵胆战心寒，加上溆浦瑶族首领蒲公祥领导当地瑶民攻打龙潭切断清兵后路，逼得清兵停战议和，被迫从隆回小沙江、溆浦五里江等地撤兵。与清廷议和之后，花瑶同胞为了纪念牺牲的作战勇士，将大杀一场的白银村改称"大杀场"，将小杀一场的"涉江"改称"小杀场"。后来汉族迁居至此的人越来越多，为了加强民族团结，又改称为"大沙江""小沙江"。同时规定每年的七月初八至初十在崇木凼举行集会，名曰"讨僚皈"，表示永志不忘。据说，花瑶当初的这个纪念活动，既纪念祖先，实际也在利用这一机会清查本族人到底还有多少。

　　第二天，他们从崇木凼出来后，直接去了香炉山。

　　站在香炉石前，老后又说开了：自宋代以来，这里一直是湘西与黔东的宗教名山，鼎盛时期，每年有数十万信徒徒步来此朝山，是名副其实的"西楚灵峰"。香炉山山秀石奇，整座山是由神话故事堆砌而成，可以说，山有多高，这里的神话故事就有多少。香炉寺结构奇诡，建造者技艺精湛，无人望其项背；寺院菩萨灵验，有求必应，香火绵延。如果说凤凰的风景婉约秀丽、旖旎多姿，那么这里却显得野朴荒寂，更具文明遗址的沧桑感。

老后摸着香炉石继续说道：

香炉石是香炉山的镇山之宝，山由此得名。这天然香炉石高擎在香炉寺左侧悬崖峭壁之上，它由3个石头垒成，上下两个石头大，中间一个石头小，3个石头总高有16米多，从山下远远看来，恰似一只巨型香炉。更为叫绝的是，香炉石有一线缝隙，缝隙中土壤肥沃，沿缝隙生长着一线千年樱桃树，每至春天，樱桃树刚发芽时，鲜嫩的叶片为红褐色，远远望去，恰如供香在缕缕焚烧。

据传，香炉石顶内住有一仙女，若有谁能看到仙女从中跳出来，一定会鸿运当头。所以当你来到山下，仰望香炉石时，一定要把眼睛睁大，看是否有仙女从香炉石中跳出来。又相传，附近山民若见香炉石顶云气出现，则近日必有甘霖普降；若是彩云缭绕，则是久晴之兆。

千百年来，人们都把这香炉石当神一样供奉。令人扼腕痛心的是，如今这香炉石仅存有原来的约五分之三，但灵气毫发无损。如今来香炉山烧香拜佛者仍络绎不绝。

老后又把荣先生领到寺院右侧的两个巨石旁，介绍孔子殿和雷公殿的由来：

在这两个巨石上，建有前后两座殿，前殿是孔子殿，供奉有孔子塑像；后殿是雷公殿，供奉有雷公塑像。两殿之间架木为廊。这是香炉山有特色的景观之一。它不但造型独特，而且有动人的传说。

据说，寺中高僧见这两个石头奇特，便想来个奇上加奇，于是他突发奇想，要在这两个各自独立的奇石上建两个殿，用于供奉孔子和雷神。他派人在附近数百里内寻找能工巧匠，数年过去了，都没有找到合适人选。于是，他又在湘黔古道上张贴告示，说如有哪个能在这两个巨石上造出两个殿来，将在这湘黔古道上为建造者立上一个一丈二尺高的功德碑。告示张贴3个月后，终于有人来揭榜了。高僧喜出望外，一打听，果然是远近闻名的大木匠。这木匠围着两个巨石左看右看，整整转了3天，然后拿出墨斗，在每个巨石上各画了28个方框，嘱咐请石匠照此凿坑。石坑凿好后，这大师傅却仍不知道这殿到底该怎么建，但又无法启齿说自己不会，这样肯定会把他的面子全失光。大师傅在家里急得像热锅上的蚂蚁，后悔当时不该一时冲动揭了告示。由于焦虑过度，没过多久，他便在家里患了重病。临终前，他把徒弟叫到跟前，对徒弟说："我这一辈子所建的房屋不计其数，远近也算小有名气，但这次交不了差，全没了面子，你一定要想办法把这两个殿建起来，为师傅挣回面子。"徒弟含泪答应了，但他转念一想：师傅这么优秀都没建好，我又怎么奈得何啊！一连几天，这徒弟茶饭不思，脑中想的就是如何才能建好这两个殿。迷迷糊糊中，他隐约听到一群小孩在喊："建雷公殿了，我们建雷公殿了！"他们也建雷公殿？这徒弟走出屋外，只见山边一群小孩有的掰柴棍，有的搬石头，有的挖小坑，七搭八搭，一座精致的雷公殿就被他们建好了。徒弟将这一切看得真真切切，并牢记在心。不一会儿，他眼看花了，待他揉揉眼睛再看时，却什么也没有了。"莫非是鲁班大师在点拨我？"徒弟将信将疑。

他来到香炉寺，对住持说：师傅要我来建这两个殿。住持冷笑一声："你师傅都奈不何，你这毛头小伙能行吗？"这徒弟一拍胸脯："保证完成任务！"经过半年多的辛勤劳动，这孔子殿和雷公殿终于落成，成了香炉山又一道亮丽的风景，与香炉寺相得益彰。两殿建成不久，这徒弟也积劳成疾，不久便驾鹤西归了。

老后围着这两个奇石转了一圈，又陪荣先生看了香炉山几处石头。

石橱柜

在千禅院右后方，有长达 30 米、高 5 米左右的一排石槽，当地人称为石橱柜。

这也有一个优美的故事：香炉寺香火日旺，香客越来越多，每到用餐时，碗筷总不够用，这令寺内住持常感内疚，而寺院离山下又较远，到山下买碗筷也很不方便。天上的神仙知道这一事情后，连夜在寺院的右后方造了一个石橱柜，并在内放置了许多碗筷。以后每逢寺院重大节日，需要用碗筷时，只要在石橱柜前面烧上一点纸，说明借碗筷的理由，就可以借到如数的碗筷。附近老百姓家中做事需要碗筷时，也照样可以借到。日久天长，碰到一些贪心者，只借不还，于是触怒了天神，在一个雷雨交加的夜晚，天神令雷公将这石橱柜给堵了。如今只剩一线石缝了。

神鹰

在香炉寺左下方 300 米处，有一高 50 余米、长 80 余米、重达数千吨的巨石。远远望去，一只雄鹰活灵活现，尤其是另加一块覆盖于巨石之上长达 10 米、厚 2 米多、重达数百吨的石板，有五分之二伸出巨石之外，活脱脱一只雄鹰嘴！更令人叫绝的是，雄鹰面前还有数不清的重达数十吨、上百吨的巨石，形态各异，从远处观，恰如一只只受惊恐的小鸡，有的吓得小翅膀微张，有的张着嘴尖叫，更有胆大者，回首顾盼着雄鹰，唯恐其伤害到自己。

老后风趣地对荣总说："小鸡大可不必受此惊吓，游客也不用为小鸡担惊受怕，因为它不是一只一般的雄鹰，它是一只镇守山门的神鹰，是香炉山的忠诚卫士，它是不会伤害无辜生命的。由此你就可以知道为什么千百年来，它身旁的小鸡一只也没有少的确切答案了。"

玉兔

在香炉寺右下方600余米处，有一重达上千吨的巨石，从远处看，仿佛是一只兔子。据说这只玉兔原本是住在月宫桂树下面的。在一个晴空万里的夜晚，它发现了这片人间仙境，便偷偷溜了下来。到这里后，它发现这里的姑娘美貌善良，小伙勤劳勇敢，人与人之间和睦相处。由于它厌倦了月宫中的清规戒律，也饱尝了嫦娥姑娘对它的白眼，因此它再也不愿意回到月宫中去了。王母娘娘一觉醒来，才发现玉兔不见了，她用玉镜一照，发现玉兔正在香炉山上逍遥自在，不过它来到人间也没有做恶事，并与附近百姓和谐相处，见其无心回宫，便也原谅了它，任其自然。从此这玉兔便永留人间，与花瑶人家为伴了。

来到草原村后，老后首先拉着荣先生去看白水洞梯田。

站在山顶往下看，数千亩梯田尽收眼底。他对荣先生说："这里的梯田一年四季都值得观看。"

春天，梯田上空到处可以闻到布谷鸟的叫声，勤劳的人们在布谷鸟的催促下，辛勤备耕，山下梯田中人们的催牛声此起彼伏，有的虽然相隔数里，其声音仍非常清晰，就连刨田埂、开水沟的劳作声都能听到。其景象恰如清代姚鼐在《山行》所述："布谷飞飞劝早耕，春锄扑扑趁初晴。千层石树通行路，一带水田放水声。"

夏天，刚刚插下不久的水稻纵横阡陌，展示了生机盎然的绿色诗行，构成了一篇优美的田园诗章。山田一色，组成了绿色的海洋，微风吹来，绿海翻波浪，望着这象征生命的绿色，你在此可以感受到生命的旺盛活力。

秋天，漫山遍野的梯田到处呈现出金黄色，那一层层一眼望不到边的金带，蜿蜒曲折，从山脚一直缠到山顶，一层层往上缩，每一个山包上的梯田犹如花瑶少女头上的一顶由金色丝线织成的精致的帽子。

冬天，这里的梯田全部被翻过来灌满水，当地称为"浸冬"。在两至三个月的冰冻期，这些梯田全部被冰层覆盖着，远远望去，梯田又像是海边晒盐的盐田；银装素裹，好一派南国风光！

来到茅坳，他介绍了花瑶的又一个传统节日。

每年农历七月初二至初四，在茅坳举行花瑶的传统节日——讨僚饭。

在花瑶的禁忌中，还有对黄瓜和白瓜的禁忌。

据传，元朝末年，瑶族祖先聚居于江西吉安府田卢地带，受到当地统治者赵、鲁二督统的民族歧视，历遭压迫而被迫外逃，走不动的老弱妇孺，在元军追杀下，急中生智，被迫躲避于鹅颈大丘黄瓜、白瓜藤丛中。有些怀孕妇女又惊又吓，加上连日奔走，致使胎儿早产，血流满地，无奈跪地哀求饶命。追兵见状禀奏元军统帅赦命，统帅照准，在鹅颈大丘丢插令旗："此处赦留，不准斩杀。"因此，凡躲藏在鹅颈大丘黄瓜、白瓜藤底下的瑶民总算保全性命。

瑶族祖先为了纪念这次在黄瓜、白瓜藤底下幸免于难，免遭杀害，当天起誓："记传后代，要越过古历七月初二才能吃食黄瓜、白瓜，如有违者，则子孙不昌。"自此至今，奉、沈二姓将这二者当做自己姓氏的保护神，花瑶其他姓氏出于对同胞的尊重，也同他们一道，都在农历七月初二以前禁食黄瓜、白瓜。并定于每年农历七月初二至初四，举行集会以示纪念，名曰"讨僚饭"。直至今日，在奉姓中还保持着这样的习俗：每年农历七月初一至初二的夜晚，除了年长的老人以外，其他人都要到外面露宿，以此来纪念在这场大屠杀中牺牲的祖先，并表达对黄瓜和白瓜的感恩之情。

七月初的"讨僚饭"开始在大托由刘姓主持。对于花瑶人而言，这一禁忌的社会意义还在于民族认同感和凝聚力的保持。他们通过这一活动，盘点本民族繁衍生息了多少人口。此活动后因大托地方偏僻，交通不便，清末才改在茅坳举行。

车至大托，望着上面的石瀑，荣先生被这自然景观所震撼！老后趁机说开：

这是全国独一无二的冰川世纪地理奇观，劈面而立，坡斜度在60度以上，石瀑长2100米、高350米。

关于石瀑的来历，流传有多个版本，有的说是女娲炼五色石以补天时，将剩余部分全部倾倒到了这里。也有的说是秦始皇派出侯生和卢生到了南方。侯生到了武冈云山后，留恋云山的风景不愿回宫。卢生到了这里，为秦始皇炼长生不老之丹。卢生一边炼丹，一边欣赏周边迷人的山水，水银从炼丹炉内溢了出来，他也浑然不知。人们说，这大托石瀑上流下来的一条条白色物，便是卢生炼丹溢出来的水银。山体一条条碎花白色线条从上倾泻而下，在阳光下熠熠发光，宛如一整幅瀑布从天而降，故名。

为了让香港客商荣根宝先生留下来投资瑶山旅游开发，老后陪荣先生连续考察了47天。荣先生被老后的执着精神所感动，他创作了诗歌《这脚》赠与老后。

这脚

这脚,

怎么那么熟悉?

他是大山里的人吗?

不,他是大山的朋友。

您看,

风儿温柔地

为他拂去长途跋涉的泥尘,

小溪闪烁着晶莹的眼睛雀跃叮咚,

狗儿在他脚边摇尾磨蹭,

连太阳也堆起了宽厚的笑容;

这脚丈量过瑶寨二十几个酷暑寒冬,

计算过每棵古树的年轮,

磅秤过每块怪石的重量;

这脚淹没在村村寨寨的小路,

留在了家家户户的火塘,

还有那峡谷幽幽山巅蒙蒙;

这脚为瑶寨脱贫致富呐喊震耳欲聋,

把花瑶裙绣推到联合国教科文,

为瑶山画出锦绣前程如彩虹。

于是,大山问:

"这脚,究竟是谁的?"

群山齐声回响:

"老后,开发瑶山的先锋!"

用图片打动国家旅游局领导

　　钟义凡任县长时说:"我们跟外商说一千道一万,都不如老后回来说管用。只要他回来说了,人家准信了。"所以尽管老后后来住在长沙,但只要县里有什么重大活动,需要他回来,他都会如期而至。

　　2008年,国家旅游局来隆回考察。这一年元月,正碰上大雪灾,沿途的树和竹子都被大雪压断了,风景大打折扣。当时县里领导为此感到很紧张,于是给老后打电话,问他在哪里,他说他在长沙。

　　"那你赶快回来,坐班车回来,我们给你报车费。"

　　老后撂下电话,就坐上大巴往隆回赶。他赶回来,车费却没有找任何人报。待他回来后,在安排向国家旅游局领导汇报时,只给老后安排了半个钟头。县里领导认为不行,说老后至少要发言一个钟头。老后说:没关系,哪怕只给我5分钟,我就有5分钟的讲法。

　　上级有关领导在发言时,对花瑶不是很了解,照本宣科,显得很生硬。国家旅游局的领导们没怎么听,一个个都在翻看老后的那本《神秘的花瑶》。轮到老后发言时，他把自己的那些照片做成 PPT 在会上放出来，国家旅游局领导要他慢点放，他说后面还有很多好看的照片要让领导们看到。这时国家旅游局的带队领导说："你不要背时间包袱，一张张放给我们看。"大家聚精会神地听他一张一张地讲解，越听越感兴趣，时间不知不觉地过去了，就这样原本只给他半个小时的发言时间，竟让他搞了一个多钟头。

国家旅游局的领导在看了他的照片和介绍后，深有感触地说："我们原来只是路过隆回，顺便了解一下隆回的旅游情况，对隆回的旅游没抱任何希望，看了老后的这些照片和听了他的介绍后，没想到隆回还是一座富矿、一个金矿。隆回的风景很好，隆回的旅游开发大有希望！"一席话让隆回的所有与会人员听了心花怒放，一个个喜形于色，但大家心里还是没有底。

散会后，老后马上策划，把隆回县摄影家协会的一些有名的会员请到一起，将所有有利于隆回旅游的照片都搜集起来，连夜印成一本画册，在国家旅游局的领导离开湖南前，将画册给他们每人送一本。他们几个人说干就干，一边选照片一边排版，整整搞了一个通宵，终于把这个画册弄了出来。国家旅游局的考察团队成员们，在拿到这本画册时，一个个既惊讶不已，又喜出望外。

台上三分钟，台下十年功，老后对花瑶的烂熟于胸，缘于他 40 多年来对花瑶的苦苦追寻，老后曾深情地写道：

"为了探寻这支鲜为人知却独具民族个性的瑶族分支，40 多年来，我先后近 400 次自费去花瑶山寨采风，其中有 9 个春节没回家过年，独自一人在白雪皑皑的瑶山流连忘返，以详细挖掘记录他们的年俗和新奇的婚礼。从省城到瑶山往返一趟 800 公里，去的次数最多一年达 26 趟。其中之艰辛可想而知。

神秘的花瑶

■ 探寻一支藏在大山深处的原生态部落

老后

"我走遍了花瑶的每一个山坳、村寨，熟悉那里的每一户民舍、人家，甚至哪个寨子有几棵参天古树、有几尊奇异巨石，都印在了我的心里。我常和瑶家山民同吃、同住、同劳作，和着他们的心律，一起感受普通人生中的喜怒哀乐，从不同角度、不同侧面，将这个部落的生活方式、文化形态和他们赖以生存的自然环境等，不断地考察、挖掘、记录和整理，且变着法子将神秘的花瑶文化推向全中国、送往港澳台地区、带进联合国，介绍给世界人们，并编著出版全面介绍花瑶的专著《神秘的花瑶》。

花瑶守望者

"我花了30余年的时间，全方位深入考察、挖掘、记录花瑶的生存环境、生产方式、生活习俗、宗教信仰、文化形态及经济状况等，从而为生活在贫困线下且教育相对落后的花瑶，编著出版了第一本全面介绍花瑶民俗的专著《神秘的花瑶》，受到社会各界和文化高层及联合国教科文组织官员的一致好评，为花瑶文化走出大山、走向世界起到了重要的推动作用。"

老后在《神秘的花瑶》前言中写道："我关注花瑶，最早期是猎奇，慢慢地发现这是一个民风新奇、怪诞、繁缛，也是一个热情、纯朴、乐天、浪漫的民族。于是，我越来越珍爱这个民族，开始不断挖掘、记录他们的方方面面，包括他们的婚礼、葬礼、生产方式、生活习惯、民俗节日、服饰文化等。"

该书内容以一个个专题的形式铺陈，佐以大量精美珍贵的图片和满溢激情的文字，让读者轻松地全面了解花瑶山寨的民俗、民习与民风。

老后还主动邀请国务院参事室"中国国学研究与交流中心"副主任姚安博士等12位专家来隆回瑶乡考察国学普及和定点"乡村国学讲堂"事宜。

"2018年，香港科技界的朋友受邀来到花瑶雪峰山采风。冰天雪地里，老后摔了好几次，但他依旧坚持向香港朋友们介绍着瑶山景色和民俗。"雪峰山文化研究会会长陈黎明回忆。

中央人民广播电台国际部张翕如此评价老后：

说老后是一座桥也好，一条路也好，一道彩虹也好，他携着老伴长年在都市与山乡之间奔波和辛苦拍摄、采访……你能想象吗？在长途车走到终点的地方，换坐拖拉机又颠上几个小时，直到拖拉机走到也没有路的山乡。

崎岖的山道上，走着两位平凡的老人，他们手拉着手，背着沉重的摄影器材，一步一步向深山里的村寨走去。几十年不停地走，这不是奇迹吗？这不是在平凡中创造了伟大吗？

如今，大花瑶景区是国家 4A 级旅游景区，每年承接的客流量大约在 50 万人次。

发掘呜哇山歌

花瑶是个能歌善饮的民族，"饭养身，歌养心"，男女老少都把唱山歌当做最快乐、最开心的事情。上山挖土、砍柴，下田插秧、割禾，总是曲不离口："上个岭来下个坡，肩膀挑担口唱歌。肩膀挑担盘只口，口唱山歌好快活。"

他们不用书本，随编随唱，出口成章，人人都能唱上好几个时辰。一俟寨子里有人结婚，或生孩子之类的大喜日子，男男女女都会赶来道贺，更是心痒痒地打算亮亮嗓子唱上几曲。尤其喜欢在光线朦胧的古老木屋里唱，用矮脚板凳围着火塘或篝火而坐，无论男女个个都挤坐在一起，气氛十分热烈。

花瑶山民将这种山歌对唱称为"唱讪"，即唱瑶歌。唱讪的内容大多为情歌，情歌有民间传唱的，也有随机应变即兴创作的。更有意思的是，他们往往将爱恋中碰撞出的智慧火花，悄然融进极富形象力的以歌当说的话语里，情趣盎然，生动难忘。这就是发自山民心中的"天籁之声"。就连在座的老奶奶都在侧耳倾听，直听得心头痒痒，满是皱纹的脸上泛满红晕。

瑶家山歌，不仅为爱情而唱，更为辛勤的劳动而歌。大凡有开荒挖山、刨地锄草、扯秧插田及修路筑坝等繁重体力活，他们便喜欢用互相换工的方式集体劳动，一二十人为一伙，今天帮我作，明天到他家作。劳作中，主人家请个"歌师傅"，敲锣打鼓唱着"呜哇山歌"，大家越唱越激情，浑身都是劲。

"日头落土四山黄，犀牛望月妹望郎，犀牛望月过南海，妹望情郎出绣房。十八哥，我老常，好想和郎配成双。""天上星多夜不明，河里鱼多水不清，朝廷官多误大事，情妹郎多易烂心。十八妹，万难听，我就只爱妹一人。"亦数亦唱，借歌抒情，诙谐风趣。山歌无假戏无真，他们在用歌诉说，并不十分讲究曲调的变化，而更注重即兴的词意表达和情感的大胆倾泻。

刘启后无意中听到了这种高亢激情的山歌，立刻就被感染了。他意识到如果不保护下来，这些山歌将会消失在这茫茫大山中。从此，他开始搜集整理花瑶山歌。

当时已经60多岁的刘启后和老伴朱春英一起，走村串寨，开始收集整理呜哇山歌。

为了找到那些上了年纪的唱歌人，有一次，他和老伴朱春英在一个雨夜来到虎形山草原村，刘启后一脚踩空，折断一条肋骨。

还有一次，老伴朱春英摔断了手腕。

尽管如此，他们夫妻俩仍是不畏困难，走遍瑶山周边的村村寨寨和家家户户，寻访善唱呜哇山歌与情歌的女人与爷们。十多年下来，他们共收集到2300多首山歌、情歌，编著成《花瑶的石头会唱歌》一书，为花瑶、为湖湘民间音乐及民间文学留下了难得的历史记忆。

"老后，你来哒!"陈世达每次见到老后，都会和他热情地握手、拥抱，像一个久别重逢的朋友，更像许久不曾联络的亲人。腼腆的山里人，此时没有了羞涩，有的只是那份急于表达的情感。笔者在采访 80 多岁的陈世达时，一说到此事他就眼眶发红。他说："我们都感谢老后咧！没有他的宣传和鼓励，我们的'呜哇山歌'哪能唱出今天的名气咯？在他的支持下，我和徒弟去过很多地方表演，他还带领我们去北京、港澳台表演，爬了长城，看了故宫！"年过八旬的陈世达是国家级非物质文化遗产"花瑶呜哇山歌"传承人。

一度被当地人嫌弃太老土的"呜哇山歌"，在老后到来之前，正悄悄地淹没在新时代的生活当中，只有上了年纪的老人才会唱。

"这么好的文化，怎么能不传承好？不能让它们被老人带进坟墓！"老后慧眼识珠后，他经常和瑶民一起唱山歌，还用镜头和录音记录下"呜哇山歌"、花瑶情歌近 2000 首。"花瑶呜哇山歌"唱响全国，成功入选国家级非物质文化遗产名录。

2003 年深秋，瑶山年逾古稀著名"歌师傅"陈世达、戴碧生就曾以这首《百只蜜蜂飞过街》而获得"中国第二届南北民歌擂台赛"大奖。

如今，"花瑶呜哇山歌"又时常在这片神奇的土地上响起，响在山头上，响在篝火旁，响在课堂里。这个劳动号子，已被老后赋予了新的生命。

瑶山上的国家级呜哇山歌非遗传人邓恩碧说："瑶山的人们对老后太熟悉了！下至三岁娃娃上至百岁老人，几乎无人不知老后；老后对瑶山也太熟悉了！瑶山的每一道山梁、每一个寨子都印有他的足迹。"

把表演队带到北京去

　　鸣哇山歌，是花瑶的另一项国家级非物质文化遗产，这种"高腔山歌"被誉为"民歌中的绝唱"。

　　为了将鸣哇山歌向外界推广，老后找关系，托人情，联系演出。他还亲自带着唱歌人多次到北京、深圳和港澳台等地演出，将鸣哇山歌唱到全国各地。花瑶鸣哇山歌成功入选国家级非物质文化遗产名录，老后发挥了积极作用。

　　2009年，为庆祝中华人民共和国成立60周年，北京市委、市委宣传部提出在首都博物馆让隆回花瑶文化表演队开展持续一周的"多彩中华"表演活动，所有费用由北京市政府和北京博物馆负责。事后才得知这是当年国家大庆期间唯一应邀进京演出的少数民族团体。

　　隆回县委接到这一消息后，非常重视，当即要求县委宣传部部长李明海和县文化局局长张晗认真抓好这一工作，县委组织了专门的班子抓这一工作。半个月后，首都博物馆馆长姚安博士来到隆回看彩排，看完彩排后对老后提出了意见："刘老师，我是冲着你上次的照片展览才选了隆回花瑶的，像你们现在这个节目水平，随便到全国哪个地方选都可以，我要看的是原汁原味的，不是看你们表演的。"北京派了一位邓导演专门来指导，最后物色了一支50人的庞大表演队伍去北京。

花瑶表演队的同志们国庆节前赶到北京，除了每天要表演两场，表演完后，在博物馆领导的安排下，还要到北京看一个地方。花瑶表演队的同志们基本上原来没到过北京，一个个都非常兴奋。他们身着民族服装，唱着花瑶歌曲行走在长安街上，靓丽的服装，嘹亮的歌声，让街上行人驻足观看。来到天安门广场，一个个又是拍单照，又是拍合影，把老后忙得不亦乐乎。

到故宫时，唱呜哇山歌的4位老人走上城楼，高兴得大声对老后说："后老师，感谢你让我们来到了北京，这是过去皇帝老子住的地方，你快来给我们拍几张照片，我们好带回去给子孙后代看。"

三天后，呜哇山歌表演队70多岁的陈国达老人对老后说："后老师，我有一个习惯，每次表演前要喝一点小酒，这样我的歌就唱得更好！"老后只好把这一请求向博物馆相关领导汇报，领导说："破例吧。"于是陈老成为表演队中唯一能喝酒的人。

此次参加"多彩中华"表演活动的花瑶同胞为北京带来了精彩绝伦的演出，而北京也让花瑶同胞大开了眼界。

寻访大山的留守老人

老后在采访中注意到，我国人口的平均寿命显著提高，中国已然进入老龄化社会。

面对这一早该引起各界重视的社会现象，他又将考察的目光投向这无数憨厚、朴实、豁达、坚忍地留守在偏远村寨的老人，深入到这些老年人中去，听他们诉说胡子里堆满的故事。慢慢地，他发现：每一位老人，都有一串历练百年、冷观天下、诉说不完的故事；他们一代代背晒日头口咬土，苦苦耕耘着贫瘠的土地；他们曾以洁净的心灵和坦荡的胸怀，见证过悠悠历史。老后用心去品读老人们那一张张镌满大山皱褶般的脸谱，用心去感悟老人们的喜怒哀乐，以及那份深藏心底的期盼与憧憬。

这些山川沟壑般的脸庞，被老后深邃般的目光洞穿。他一次次从镜头后面捕捉这些老人的各种表情。

给老人拍了照片后，老后回家后便迫不及待地要冲洗出来，下一次上瑶山时，他就挨家逐户地送给他们，然后又陪他们聊家常、讲笑话，逗得那些没有牙齿的老头、老太太笑得前仰后合时，老后手中的相机又是咔嚓咔嚓响个不停，不经意间又抓拍了好些镜头。

老后在瑶山穿梭中，与巽凡老人成了忘年交。老人有 5 个儿女，都在城里安了家，可老两口不愿离开这大山沟，就守着一座木房子。只要天不下雨，老人就搬一个板凳到屋前坪里的大树下，手持一杆长长的竹鞭旱烟筒，双眼看似眯着，实则是定定地望着对面山垭的路口，望累了，猛吸一口烟，再很享受地慢慢吐出来，一个个烟圈在他面前升腾起。他嘴中露出残缺不齐的黄牙，冲老后嘿嘿一笑，老后迅速按下快门，他也不介意，任老后照个饱。

　　他很得意地对老后说："我这烟圈很灵验的，如果烟圈很圆又久久不散，近几天就会有崽女回来看我。"老后却在他的得意中听出了几分心酸，他对老人说："您何必等得这么苦？想他们了，打个电话让他们回来就行啊！""要不得，要不得，他们都各有各的事，山里人到城里立足难啊！他们经常喊要回来看我们，我都拦着不让他们回来哩！"

　　巽凡老人留老后进屋歇息，让老伴煮了一大碗香喷喷的腊肉，自己热了一壶米烧酒。老后说："我们就两个人喝酒，菜就不用端到桌子上去了，就在灶边吃更暖和。""我就喜欢你这样的人，没有一点架子。"三个人在灶膛边有说有笑地吃着。老人向老后一一介绍着自己的五个儿女，脸上写满了自豪。临走时，老太太一定要打发老后几个猪血丸子，她高兴地说："今天是我家老头76 岁生日，有刘老师在，他这个生日过得可欢喜了。"老后惊讶地望着老人说："今天是您的生日，怎么不叫孩子们回来呢？""他们都忙，是我不让他们回来呢。"老人说得轻松，可表情复杂。

　　老后告别了二老，仍一步一回头地张望着那个黑黑的门洞，门里的老人也在透过窗户目送着他。

　　半个多月后，他再上瑶山，准备给老人送照片时，村民们告

花瑶守望者

诉他："老人走了，就在他生日的当晚突发脑出血去世。""可他那天中午还同我在一起吃饭啊。"泪水在老后眼眶里打转转。

他再次来到这黝黑的门洞前，仿佛看到巽凡老人满噙泪水的眼睛。他读懂了老人心中永远揣着对那片土地的无比眷恋和对人间亲情的无私挚爱，且已习惯了无怨无悔地承受与坚忍。这时候，老后耳边仿佛响起了一句歌词："都说养儿能防老，盼儿归一袋闷烟满天数星斗。"老后说，这句歌词是当今农村老人的真实写照，道出了农村老人的辛酸与无奈。

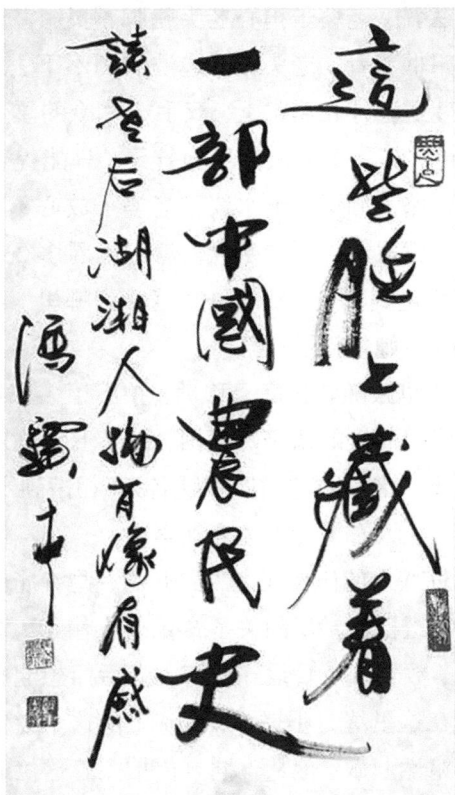

中国文联副主席冯骥才为老后的展览题词

巽凡老人抽烟的那个样子永远定格在老后的脑海里。为了吁请社会对生活在偏远山乡最底层的老人们多一分关注,他不辞辛劳,将镜头对准了县内的留守老人。

杨庭云这对患难夫妻相濡以沫、相互牵挂的事迹也深深打动了老后。杨妻体弱多病,家里家外的事全部靠杨庭云一个人承担,为此她常常自责不已。尤其到了冬天,洗衣更是他家的一大难事,妻子患有严重的类风湿,十个指头肿大,连拿筷子都很难,更不用说洗衣服了。老头做了外面的事回家后,还得提着妻子的衣服到小溪边去洗。老婆子担心老头腿脚不灵,害怕他在小溪边摔倒,便倚着门框看着。老头在溪边洗衣蹲不下去,只好全身趴在溪边的石板上,头伸在溪水上,双手在冰冷的溪水里搓洗着衣服,手脚都冻麻木了,也无法把衣服拧干,只能提着滴水的衣服往回走,麻石板路上洒下一道水线。老婆子放心不下,老头在溪边洗多久,她也就冒着冷冽的寒风倚着门框看多久,泪水在眼眶里打转转。老头走到哪里,她的目光就移到哪里,直看到老头把衣服晾到禾坪边,她才松了口气。

老后的镜头也跟随着杨庭云移动,拍下了多张照片,然后镜头一调,对准倚门而立的杨奶奶猛拍,记录下了这对贫困夫妻平凡中的深情厚意。老后将这组照片题名为《相携到永远》,配上字斟句酌的文章,让人看了无不为之动容。

六都寨年近八十的伍保元老人,听说一些寺庙的菩萨被人偷走了,他担心仙蹬桥龛堂里的关圣帝像被人偷走,竟把自己的被子搬到龛堂边,数年如一日地守护着。老后回想起自己学生时代曾连续几十天在这里练习小提琴,看到眼前这个数年守护着关圣帝菩萨的老人肃然起敬,他从不同方位拍摄着这位老人。

在拍摄了县内近千位老人的头像后,他又把目光瞄准了省内各地。

老后听说湘西有一对百岁夫妻，女的叫石金满，108 岁；男的叫吴玉堂，106 岁。他们携手走过了 88 个春秋，早已五世同堂，共计 88 口人。老后冒着酷暑，背着相机，一路翻山越岭，历尽千辛万苦，方在大山深处找到这一对百岁夫妻。当地人告诉老后，吴大爷懂医术、会草药，又医者仁心，心地特善良，为穷苦人家看病坚决不收分文，人称"华佗再世"；石奶奶是一个接生婆，经她手接生的人多达数千人，有的爷孙三代都是经她接生的，是远近闻名的"观世音菩萨"。

当看到满头大汗的老后来到他们面前，跑几百里路仅仅是为了给他们夫妻拍张照片时，心直口快的石奶奶嗔怪老后了："你真不怕难，你跑这么远路干什么嘛，给我们写封信，或打个电话，我们把照片寄给你不就得了？""那怎么行？那就太不尊重你们了。"石奶奶听了哈哈大笑："好哩，好哩，你来了就是对我们最大的尊重，你想怎么拍就怎么拍。"

"我现在不急着拍，我倒想听听您当年是怎么喜欢上吴大爷，从贵州嫁到湖南来了？"

石奶奶看了一眼老头，深情地说道："玉章年轻时，人长得乖伤打（标致），会给人看病，歌也唱得好。那年他到我们寨子里走亲戚，和我们到后面山上对歌，就这样认识了，后来我就嫁过来了。你还记得吗？"她把脸侧过来对着老头说。

吴大爷没有正面回答，露出几分得意的笑，仿佛是一名得胜回朝的将军。

"当初可是你厚着脸皮向我求婚的，是你用大花轿把我接过来的！"石奶奶见老头不吭声，红着脖子认真地说道，引得周围的人听了哈哈大笑。

石奶奶又数落他了："讲起这些你就好像不记得了，只有呷烟就记得，隔三岔五要我上街给你买烟。"

话还没说完，石奶奶又记起老头子抽烟的时间到了，她从老头子上衣口袋里摸出一支烟来，从桌上拿过火柴划燃，凑到他的嘴边，为他点上，动作是那么娴熟。老头很享受这一过程，嘴角露出了淡淡的微笑。老后被石奶奶的利索动作和老头的怡然自得惊呆了，迅速按下快门拍下了这一场景。这一帧照片现在被放得很大，挂在瑶王古寨贵宾楼的门厅正中墙壁上。

在湘黔边境一个偏僻的山村——谷达坡乡柏杨村，有一位104岁的向喜花老奶奶，这么高龄却身体硬朗，每天还要帮小儿子一家做饭菜，家中还喂有两头大肥猪，说是要给小孙子结婚用。老后行程几百公里，为她拍了一张照片，从照片中可以看出：她做梦都是在笑的。

20多年来，老后游走于各地村寨，先后300多次去偏远山乡，遍访山沟中的高龄老人，累计拍摄到了3000多位脸上满布大山般沟壑皱痕的老人肖像，为最后一代饱经沧桑的中国老农留下的历史印记，足以申报吉尼斯世界纪录了。

受邀去首都博物馆等地办影展

2010 年，北京市委宣传部和首都博物馆为弘扬尊老、敬老、爱老的优良传统，特别邀请老后在首都博物馆就老年农民的一些照片进行展出。

姚安馆长对老后说："我们之所以舍近求远，是专家们被你的镜头下的高龄老人的肖像打动了。老人脸上刀刻斧凿般的皱纹，他们寓意深远的眼神，一看就震撼人心。我国有两亿多名老人，举办这么一个展览，对弘扬尊老、敬老、爱老的优良传统，构建和谐社会有着重要的社会意义。"

接到这一邀请后，老后惊呆了，他做梦也没有想到会有这么一个机会，他兴奋得几夜没睡好觉。他每天下班后，把自己关在屋里，将自己 20 多年来在乡下拍的数千张老年农民的照片进行精选，通过几天几夜的选取，他选出了 150 幅照片。

展览由新中国成立 60 周年大型国展《多彩中华》总指挥、首都博物馆副馆长、著名文博专家姚安博士亲自策展，在长安街竖立了大型广告牌，在老远就能看到。

2010 年 10 月 14 日至 31 日，在首都博物馆，《生命·生活·

重阳——老后的大山情结》大型公益主题摄影展展出。这 150 幅饱经沧桑的老年人的面孔，生动地展示了湖南隆回原汁原味的民情民俗。展览定在农历九月九日重阳这一天开馆，开馆前，北京社会各界和市民们自发送来了 40 多个花篮摆在博物馆外面。工作人员不让把花篮放进去："我们又不是开饭馆，也不是什么大典，从来没有人把花篮抬进来的。"

市民们直接把电话打给姚安副馆长，姚副馆长对工作人员说："破例吧。"

展览进行了半个多月，吸引了一大批人，包括国际友人。

我国美术界泰斗、93 岁高龄的著名画家周令钊先生，是开国大典天安门城楼上第一张毛泽东画像的绘制者，也是国徽和第一版人民币的设计者之一。他的女儿周容看了展览后，回到家里对父亲说："我今天看了一个非常感人的摄影展，展出的全是一些山窝窝的老人，观展的很多人都哭了。"周老说："那你们替我安排一下，我一定要去看。"他的住地离展览馆有 60 多里，他的女儿来到展览馆，对老后说父亲想来看展览。老后说："我看了天气，最近两天都是雨天，等过几天天气好些，我们来接老人家。"

谁知第二天老人却在他女儿的陪同下来看展览了。电话打给老后，老后马上借了一个轮椅让周老坐着看展览。老后用轮椅推着周老，周老一帧一帧认真地看，既看照片，又读解说词。不知不觉 3 个多小时过去了，老后怕累着老人，说："您看了 3 个多小时了，先休息一会儿吧。"

周令钊老人拉着老后的手说："启后，我看了这么多展览，你的这次展览给我留下的印象最深，里面的人物你刻画得太深刻了，最有视觉冲击力。"临走前他又写下感言："我从事艺术生涯几十年，观看过无数的展览，一个摄影展竟能让我如此感动、如此震撼我的心灵，这还是头一次，我们要感谢老后。"

临走前，周老向老后夫妇发出了邀请，请他们去他家做客。次日，他的女儿周容专程接老后夫妇去周老家，周老又用毛笔题字："影像如画——观老后的展览有感。"并把多年珍藏的画作拿出来给老后欣赏。

中国文联执行副主席、国务院参事冯骥才先生得知老后在北京办摄影展览，本决定在百忙之中专程从天津赶到北京参加剪彩仪式。但因为临时有重要会议，在开展前一晚的二点四十分，他给老后发来短信："身不由己，有重要会议不能来剪彩了，但我以笔代言，给你题好字了。为了减少你的麻烦，字我已经用最好的卡纸写好了，卡纸上裱了一层宣纸，这样你就不用再装裱了。"如此体恤和关怀，让老后夫妇热泪盈眶。他们连夜赶到天津，拿到冯主席的题词——"这些脸上藏着一部中国农民史——读老后湖湘人物肖像有感"。

北京市委党校的一位副校长多次同夫人一起来看展览，每次都是边看边流泪。其夫人说："你看展览就看展览，每次都流泪干什么？"老后走过去问为什么，这位副校长对老后说："您拍的这些老人真是拍得太好了！这些老人我不管从哪个方向看，他们都是看着我的。您看照片上的那位老人，就像我母亲在看着我。我母亲病重时，我由于工作的原因没能看母亲最后一眼。"讲着讲着又哭了起来。后来这位副校长又带着他的两个女儿来看了展览。

有一位叫邓秋晖的画家，在展厅默默地、来来回回地看着这些照片。老后过去与他交谈，他话很少，对老后非常尊重。第二天他又来了，给老后送来了一幅美术作品，看了一会儿展览悄悄地走了。第三天他又来了，给老后送了一幅字，仍然没说上几句话，看了一会儿展览后又悄悄地走了。

在北京展览期间，一个外国老太太在展览馆看了几个小时了，老后发现后走过去问老太太："你们团队的其他人早已走了，您为什么还不走？现在展览馆都要下班了。"随团翻译说："您拍的中国老大爷老太太的照片实在是太好了，太真实了！她一直在这等您。她是英国著名慈善活动家伯爵夫人米莉娜女士，现在已经80多岁了。她想要买几张照片回去拍卖后用作慈善事业。"老后说："我这照片不卖的，但您是做慈善的，我很高兴。如果您要，可以送两幅给您。"伯爵夫人听翻译一讲，高兴得要跳起来了。她说："我等几个小时是值得的，我们团队的朋友看到我的这两幅照片，一定会羡慕不已的。"她当即作揖，然后选了两件作品，并执意要拿着这两幅照片同老后夫妇合影。回到英国后，她要翻译转告给老后夫妇，这两件作品已拍卖，被捷克大使拍得并送达布拉格艺术馆珍藏，所得款项全部用于给老年痴呆患者作医疗费用。后来该老太太还几次写信来与老后联系，一再表示感谢。

照片上瑶山的一对老年夫妇，家庭和睦，相互扶持，白头偕老，引来了很多人驻足观看，感动了无数前来观看者，并在照片前合影留念。一些年轻夫妇说："我们也要像这对老年人一样，相互尊重，白头到老。"

北京电视台为老后此次在首都博物馆的展出制作了专题节目。

隆回县人大常委会原主任曾令太回忆说：老后的摄影展览在首都博物馆展出了一个月时间，让国内外成千上万的摄影专家和爱好者流连忘返，此次成功展出得到了全国政协常委、国家文联副主席冯骥才先生高度赞扬！在展出的日子里，我正在北京做体检，与老后老两口住在一个地方，每天晚上都要谈到深夜十二点。老后是一个精力充沛、朝气蓬勃的老顽童，说话风趣幽默，引人入胜，与他生活在一起简直是无穷无尽的精神享受，使人振奋。在摄影展出的日子里，老后晚上回到住地，总要发布当天的展览新闻，使人大开眼界，余味无穷。我亲眼看到德国一个八十岁的老太太为了向老后索要几张照片，在我们住地足足蹲了两个小时。老后深为感动，便慷慨赠送了几幅珍品。老太太感激不尽，留下了联系地址和电话，当她迈出办事处大门时，又向老后深深鞠躬致谢。

在闭馆前一天，山西晋中学院孙建中院长同该院教摄影的牛飞教授前来观展，当即向老后发出邀请："我代表山西省摄影协会、晋中学院向您发出邀请，请您去我们那里举办影展。"

北京影展闭馆后，孙院长立即着人专程来京请老后去山西，和山西几所大学联合为老后办展。办展地点设在晋中学院图书馆，由美院院长、书记亲自带学生贴海报，并从楼顶挂出了几十幅条幅，一直忙到晚上一点多。一位艺术家告诉老后："我们当地的艺术展，从来没有过这样的规模。"

前来观展的大学生和社会各界人士络绎不绝，每天展厅都挤满了人，不少观展者都是边看边流泪。山西音乐学院大四学生邢秀翠，每次观展后都要趴在老后夫人朱春英膝上聊聊天。几天下来，两人亲如母女。她在留言簿上写道："我爱您，朱春英老师，我也要做一个像您一样温顺的妻子；我也要做一个像您一样一生都保持纯真性情的女子。衷心祝愿二老永远健康。"

2013年，宁波为纪念乾隆皇帝诞辰三百周年，姚安女士策划了两个展览：一个是乾隆皇帝颐和园珍宝展，一个是老后的湖湘人物肖像展。宁波市政府将这两个展览安排在宁波博物馆展出。

受邀去首都博物馆等地办影展　　177

两个展览仅隔着一个过道，一边是至高无上的皇帝的奢侈品，一边是老后镜头里生活在大山里的社会最底层的老农脸谱。展出的时候却大相径庭：参观皇室奢侈品的寥寥无几，去了的也是一览而过；这边却排着上百米的长队，观展者进到展室后长时间地驻足观看。

做国际物流的青年企业家林建华董事长听闻在宁波有这么一个展览的消息后，带着母亲、妻儿来看展览，一家三代在展厅里一看就是大半天。林先生看完后激动不已、感慨万千，他对主办方的相关人员说："太震撼了、太让人感动了！我的事业做到这一步，生活已经很不错了，看过展览我才猛然想起，天底下还有这么多生活在最底层的老人需要我们的帮助。我要办一个高规格的养老院，义务帮助这些需要帮助的老人。"

湖南省文化厅副厅长、湖南中华文化促进会副主席兼秘书长吴友云了解到老后在各地办影展的情况后，向老后发出了邀请："我们经研究，以文化厅的名义为你办展，由省文化厅、文化促进会牵头，场地你自己选，我们尊重你的意见。"老后到长沙四处考察，最后把展址选在长沙市中心的湖南大剧院。

时任湖南省文化厅厅长周用金为影展题写展标："我的父亲母亲——老后的大山情结。"

一位农民工朋友来看影展，他从早上看到下午，一直没有离去。老后担心他饿了，给他打来了一个盒饭。这位小伙子吃着老后递过来的盒饭，边吃边问："刘老师，您的这些照片拍得太好了！我能在留言本上写几句话吗？""当然可以，你想怎么写就怎么写！"老后拍着小伙子的肩膀说。

第二天早上，展厅的保安告诉老后说："昨天那名农民工从下午5点多一直写到下午8点，他写着写着就哭了，然后边哭边写，留言本上都留下了很多泪痕。"

老后翻开留言簿，只见上面一笔一画写了上千字，其中一些字还被泪水浸模糊了，上面写道："刘老师，您关爱老人，歌颂老人，虽然他们都是别人的父母亲，但您却说是您的父亲母亲，您有多么高尚的心灵，把别人父母的像在全国宣传，而有些人却连自己父母的像都保管不好，您的爱心博大精深……"

邵阳兰天集团80后女企业家马莹，了解到老后长年奔赴瑶山，为老人们不遗余力代言后，主动找到老后，邀请他回家乡办展览，并表示所有费用由她承担。为了加大宣传力度，在青龙桥上的巨型广告牌一挂就一个多月。开展前，她亲自培训讲解员；展览中，她不定期地深入人流中，倾听观展者的心得。在邵阳市松坡美术馆展览近半个月，观展者络绎不绝。

邵阳市文联主席张千山观展后留言："高山情调，厚土情怀。这是一个引人向上、导人向善的好展览，是一部浓缩理想、情怀、意志与艺术的厚重的大书。"

张千山仔细观看了留言本，当看到上面留下了大量珍贵感人的文字，当即提议搞一次《我的父亲母亲》观后感征文大赛。消息发出后，短时间内收到100多篇参赛文稿，其中30多篇出自省级以上文艺家协会会员之手，在邵阳文艺史上写下了浓墨重彩的一笔。

征文比赛结束后，由邵阳市委宣传部主管、邵阳市文联和作协主办的《新花》杂志，为老后此次影展出了一期专辑。

此后还在城南公园等地，举办《生命·生活·重阳》《我的父亲母亲》《大山的脊梁》等大型公益主题摄影展。

同年8月，长沙市文联与湖南传家文化传播有限公司，共同为老后在湖南国画馆举办了《大山的脊梁——走进老一辈中国农民的世界》大型公益主题摄影展，以弘扬尊老、敬老、爱老、孝老

受邀去首都博物馆等地办影展

的优良传统，构建和谐的小康社会，并敦请在外创业打拼的人们，珍惜与父辈祖辈的亲情，常回家看看，以慰藉普天下勤劳、善良、正直、达观的老人们。

后来，老后又应中国民族博物馆之邀进京举办《隆回花瑶文化展》。

这个展览，以其强烈的视觉冲击、深沉的思想内涵和活生生的人物形态，深深地感染着广大观众和在外打拼的人们。它向大众所传递的正能量，对弘扬尊老爱老、孝敬老人的优良传统，构建和谐社会，起到了重要的作用。

18年追踪诡秘的梅山文化

　　曾被民间称为"上湖南"的隆回、新化、安化一带，自古巫风浓烈，民风剽悍。至今，当地民间仍然承袭着一种古老奇特的"梅山文化"，倍显神秘。

　　史料中的"梅山万仞摩星躔，扪萝鸟道九曲折"，便是这古梅山区域内险恶环境的真实写照。一千年前，这里还是一片不被王者所征服的蛮荒之地。

　　生活在这里的土著部落——梅山峒蛮先民，面对恶劣的生存环境，他们深怀敬畏，普遍有着原始的自然崇拜、祖宗崇拜和浓重的神灵观念，从而逐渐形成了这具有丰富原生态内涵和强烈地域色彩、奇特神秘的"梅山文化"，且代代相承、长期延续，无形地凝聚着梅山民众特有的刚毅坚韧、好胜尚武和拼搏奋斗的精神。

　　梅山民众倍加尊崇的"梅山神"，是万千神灵中唯一一个身材矮小、形象怪诞、行为诡异却威力无穷的神祇。民间梅山神的雕像造型，高约六寸，两手撑地倒立，双脚在上，其左脚心顶一碗水，右脚心摆一香炉；左手抓只鸡，右手握把剑。传说人格化了的"梅山神"，神通广大，不畏强暴，最得山民祭祀。但却也是有点小心眼，对他祀奉得好，便常为你家带回财喜，帮你驱邪化灾；倘若忘了他、亏待他，则会时而弄你个小小灾星……

2017 年，老后曾同我说："7 年前，我陪同冯骥才老师来湖南深具浓烈巫风的隆回考察，我把我地梅山神和师公法事中的相关内容向他汇报，他很感兴趣，当即将《诡秘的梅山文化》这个大的书稿题目交予我，我受宠若惊。这是对我的莫大信赖啊，尽管深知自己才疏学浅，我又怎敢推却呢？"

此后，他便携了曾长年默默支持他的老伴朱春英，一道沉进偏远的山乡，长期不归家，自觉从事关于梅山文化的艰难的田野考察，并将他们的考察重点直接放在散落各地的梅山法师身上。随着专访的拓展与深入，这对古稀之年的老两口越来越沉迷其中，愈发觉得这种古老民间宗教文化的诡异神秘、深不可测……

小沙江的香炉山，隶属于游山赶猎的上峒梅山，巫风浓烈。这里有一位很有名望的师公，老后与他成为莫逆之交。后来这师公患肝病，老后经常去看望他，为他联系住院事项。2009年农历十二月上旬，该师公因病去世。按巫坛规则，师公去世后要进行一项法事——"奏曹"。"奏曹"时，要给亡故师公穿上法衣，让他端坐在堂屋正中的椅子上（用布带捆着），坛内多位法师各执其事：鸣法螺、唱巫歌、踩八卦、踏九州，文张武弛，戏剧色彩浓厚。最后一坛法事，要揭开屋顶瓦片，扎制一个七米多高的圆锥体竹筒，意即该法师灵魂沿此筒升天了。老后闻讯后，火速赶到那里，边摄像边进行文字记录，一刻也不敢怠慢，生怕漏掉了某一个程序，整整五天五夜，忙得连脸都没有时间洗。

　　"交通的不便、道路的崎岖、环境的恶劣、生活的艰苦，常常困扰着我们。尤其是偏僻山乡的每一堂梅山法事，少则两三天，大的法事多到五天、七天，每每都会从清晨持续到深夜，甚或到天明。我们老两口都寸步不离，生怕有所疏漏。一个漆黑的雨夜，为了紧跟去山岭'捉鬼'的法师，我一脚捅进冰冷的水沟，狠狠地摔倒在地，皮破血流，还折断一条肋骨。有个冬夜，只顾着追拍法师的祭水，我四仰八叉倒在臭水沟里。有次老伴摔断了手腕，打着绷带依然坚持在乡间拍摄采访。"老后曾在文章中回忆道。

　　为了探寻梅山文化这个古老、新奇、怪诞、诡秘且被学界誉为湖南湘中文化最早期的核心文化事象，老后偕同老伴朱春英连续十几年沉进闭塞山乡，艰难地进行采访，可是，最初没有一个法师愿意接受他们的采访，更不用说配合他拍摄法事。因为，原生态的梅山法事，有其神秘性，不随意对外宣扬，更不允许外人拍摄。特别是，梅山法师绝不轻易向外人展露他们的手诀。

诡秘的梅山文化

丰繁多样的梅山法事抢救性田野考察图记

老后 曼英 编著

湖南美术出版社

老后想尽一切办法，千方百计与法师们套近乎，去这些人家中进行采访时，他会给人家带上针线包、老视镜等小礼品，历经各种努力，将心换心，赢得法师们的信赖，获得了采访、拍摄机会。

梅山法事，一般是日夜连续进行。义务线人一有电话告知某地有一场法事，他便马上找徒弟开车，半夜三更驱车前往。为了完整地记录每一堂法事，老后常常请求老伴朱春英一同"上阵"，一个记录，一个摄影。

谈到拍摄梅山法事的艰辛，朱春英双眼盈满了泪水："去山区拍摄，交通不便、环境恶劣、生活艰苦。有一次我们到司门前采访一位邹姓法师，这一天很顺利，采访完还只到下午三点。老刘又想去采访另一位法师，但又有十多里山路，苦于无车，他就想到镇里去碰碰运气，结果刚到镇里大操场，就有一台小车开到他身边，问'后老师，您要去哪里'？老刘喜出望外，但又不认识他，不好启齿。那小伙子又说：'后老师，我是从虎形山瑶族乡调到这里的，我在虎形山就认识您了，您要到哪里去？我送您。'就这样，这个小伙子不顾下乡辛苦，把我们送到了目的地。每一堂梅山法事，少则两三天，多则五天、七天，每每都会从清晨持续到深夜，甚或到天明。整个过程，我们老两口要寸步不离。"

最难的是拍摄"梅山手诀"。秘不外传且濒临消亡的"梅山手诀"（也称手印）即法师用手姿表现出来的咒语，旨在感召神灵、镇鬼驱妖。

手诀，系用双手十指掰出各不相同、变幻无穷的奇妙组合造型，表达出不同的微妙意境和深刻内涵，以求法坛的圆满。据圈内法师口口相传及手抄经牒记载："三十六套门角诀，七十二个总印心"，亦即共有72套梅山手诀。而现今各类法事中，法师能掰出72个手诀的已极为罕见，多以一二十个手诀在应付一般法事了。

梅山手法总谱

老后是一个非常有故事的人，他讲述的梅山故事每每让大家感动不已。但后来他又深入挖掘手诀了。

老后邀请来小沙江"梅山手语"艺人伍瑞军作濒临失传的七十二手诀表演，伍瑞军每做一个动作，他就用照相机拍下一个镜头。

老后访问了近 200 位梅山法师（从 20 多岁刚抛牌出师的到 101 岁高龄仍在掌坛施法的长者），跟踪过数十堂古老的法事，收集到上百册秘不外传的手抄经牒复印文本。面对这项玄妙深奥的古老文化现象，他觉得再持续十年、二十年都难有个尽头，但想做个阶段性的小结。

为了静下心来梳理多年收集到的第一手宝贵的素材，老两口躲进海拔 1200 米高的"东山禅院"，东山禅院山上清静，无人打扰，连手机信号都没有。

他们在这一住就是三四个月。老伴春英跟随他上了大东山，这里的条件艰苦得令她难以想象：山上的水冷得刺骨，就连烧壶开水都要好久才能烧开。卫生状况极差，寺院里的工作人员都是一些上了年纪的老人，视力都是比较差的了，菜基本上是无法洗干净的，碗也是没洗干净的，里外都是滑滑的，碗口都有一个黑圈。最恼火的是山上的蚊子出奇的多，上厕所的时候双手要在身前身后不停地划动，否则无数只蚊子就会对你发起攻击。

但对这些，老后却都能坦然面对。老伴讲饮食卫生差的时候，他却说不干不净，吃了没病。老后从不在乎这些，每天从早到晚他都在埋头整理资料。

寺院中有一个打杂的单身汉，外号"牛牯"，他主要负责为寺院砍柴和担水。有时偶尔看到他砍回了樱桃树，老后就会感到很心痛，告诉他樱桃树是大东山的宝贝，千万不要砍了。老后多次与寺院中的人及附近老百姓说："我们不只要保护好现有的樱桃树，还要动员大家尽可能多地栽上一些樱桃树，漫山遍野的樱花盛开就是大东山的一个旅游看点。""牛牯"有时不能按时回来吃饭，吃饭时只有饭，没有菜了，但"牛牯"只要有饭吃便也没有意见。朱春英看到这一情况后，有时看到他在大家吃饭的时候还没回来，就用一只碗给他盛点菜，让他很感动。

朱春英回忆说："我们下山后，'牛牯'还经常给我们打电话来，有时凌晨两三点还给我们打电话来，把我们吓一大跳，我们以为有什么紧急事，问他有什么事吗？他却在电话那头回答说：'没什么事，我就是想你们了。'"

后来"牛牯"砍柴再也不砍樱桃树了，当看到有人破坏樱桃树的时候，他都能及时制止。

3 年后，老后想把还没整理完的资料继续进行整理，动员老伴一道再去大东山住一段时间。老伴在清点日常用品的时候，特意买了一个电蚊拍带上去。

他们到达那里时，发现寺院管理人员换成了陈老夫妇。陈老已 80 多岁，但身体硬朗，每天上山打柴、挖地种菜忙个不停。其老伴 70 多岁，每天负责寺院的生活，有时人多的时候，每天光菜就要洗几筛，也是忙得不亦乐乎。看到老太太这么忙，朱春英总是过去帮她做一些事，日子一长，两人就像是两姐妹一样。

后来，老后在同人聊天的时候得知陈老原来也是一位师公，并且还带过一些徒弟。

老后很高兴，有意无意地想同陈老聊师公做法事的一些事。奇怪的是，平时老后同他聊其他的事，两个都很聊得来，但一讲到这个话题，陈老便不再搭腔。

老后就这个事问的次数多了，陈老便也把话挑明："老后，我们这行有规矩的，不传外人，即使是家里，也是传男不传女。你不要再问了，无论你问多少遍，我都不会告诉你的。"

老后知道，这一条路走不通了，但他还不死心。他知道，师公归县民宗局管，于是他跑到县民宗局，想要请县民宗局的领导做陈老的工作，让陈老给他讲讲做法事的一些事情。民宗局的领导来到山上，给陈老做工作，陈老以"我要上山挖土去了"婉言拒绝。

为了感动陈老取得第一手资料，老后每天帮着他挖土，同他一道上山砍柴。老伴春英每天帮着陈老老伴去菜地择菜，还帮着洗菜。两口子配合默契，连续几天下来，终于感动了陈老。

一天晚餐后，4人坐在坪里一起歇凉，朱春英拿个电蚊拍给大家驱赶蚊子。

陈老说："老后，你们夫妻俩真是天下少有的大好人！这样吧，从今天起，我俩就是亲兄弟，你有什么要问的，你尽管问，我毫无保留地告诉你。"

老后像个小孩似的高兴得跳起来。

"老哥，我表演个节目给你看。"说完他便双手着地，做了个倒立给陈老看。

4人都大声地笑了起来，笑声在幽静的山上散播。

从此，老后白天整理自己原来收集的内容，晚上在昏暗的灯光下，听陈老口述，自己记录，乐此不疲。

在老后去世前一个多月的一天，老后提出去六都寨腊树村采访一位姓赵的法师，这一天是星期天，他要侄媳周华秀开车送他上去。去腊树村山高路陡，快进村口时，突降暴雨，不一会儿，引发泥石流，一株硕大的杨梅树夹着巨石从山坡上翻涌下来，坡上的泥石流像大坝决堤一样翻着巨浪。

花瑶守望者

老后不顾自身安全，只是说："这是报灾的第一手资料"他拉开车门就消失在雨幕中，等他返回车中时，全身没有一根干纱了。极少动怒的妻子这回发大火了："你天天下去扯猪草，又不洗，又不剁猪草，猪在饿，猪草也会烂成泥巴。"

妻子的话他全听懂了，可他一句话都没有回，全领受了。他认为，必须发狠"扯猪草"，因为好多法师都年纪大了，他还不进行抢救性挖掘，这些宝贝就会失传了，这是与时间赛跑。他想趁现在还跑得动，尽可能多地搜集一些资料。以后自己跑不动了，再到家里慢慢整理……

就这样，老后老两口 18 年严寒酷暑，历尽艰辛，虔诚遍访大山深处不同流派的名老法师 200 多位，累计拍摄到了弥足珍贵、秘不外传的梅山手诀 700 余套；跟拍过数十堂法事，收集、拍摄到上百册秘不外传的手抄经牒，为梅山文化留存下宝贵的第一手资料；拍摄了近万张照片，还对梅山傩面、神像、纸马、凿花、画鬼、绝技、音乐、舞蹈、武术，以及梅山巫术、医术等进行全面的考察……

发掘滩头纸文化

滩头，并非顾名思义中的河滩、洲头之类，而是一个秀美的山乡古镇，它坐落在湘西南隆回县境东部丘山中那数万亩绿波滚滚的竹海里。数百年来，丰富的竹料使得当地的民间传统纸业蓬勃发展且长盛不衰。滩镇周边的城上、李家、城背、塘冲等村的农户，祖祖辈辈以纸为业，家家户户立有抄纸槽屋和焙房，男女老少都能在纸坊里一显身手。

1991 年，老后挖掘、保护、弘扬传统民俗文化的视野，逐渐由花瑶的挑花、山歌、服饰等扩展到周边梅山文化地区的年画、舞蹈、戏剧等。特别是滩镇四绝——土纸、色纸、香粉纸和年画。

滩头镇手工抄纸技术继承于中国四大发明之一——蔡伦的造纸术。在明代宋应星所著《天工开物》记载的用楠竹造纸"斩竹、漂塘、煮楻、足火、春臼、荡料、入帘、覆帘、压纸、透火、焙干"生产过程的基础上，对"煮楻、足火、春臼"三个流程加以改进，并利用当地特有雪花皮树抄制出不同质地的皮纸，形成独特的滩头手工抄纸工艺。

滩头手工抄纸工艺在明朝已经成熟，清代、民国为鼎盛时

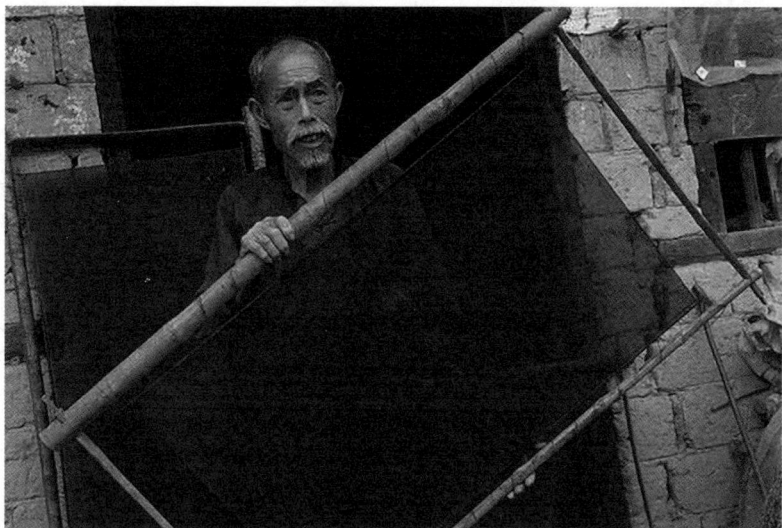

期。当时，在滩头古镇及周边几十个村庄，拥有作坊 1100 多家，熟练工人 2000 多名，主要生产土纸，还衍生出皮纸、色纸、香粉纸、宣纸、炮帘纸等多个品类，年产各种纸品几十万担，远销云南、贵州，直至香港、东南亚。外地商人曾在此办了几十个纸庄，村村有槽坊，处处闻纸香，曾经被誉为"南方纸都"。

一张竹帘，编帘艺人亲自进山选竹、伐竹、破篾、撕篾、抽刮成长约五尺、细若灸针的丝篾，再在简陋的"门"型编织架上精巧地编织成帘，经漆树刮出的生漆几次刷涂方成。

滩头手工纸业的繁荣，带动了滩头木版年画、隆回鞭炮、手工纸伞、梅山纸马等以土纸、色纸、皮纸为原料或为载体的多种文化现象与手工传统产业的发展。如滩头竹料纸主要提供县内木版年画作坊，年销量 10 万余张；用竹料纸刷上当地独有白膏泥做成的美容护肤产品"香粉纸"是化妆品品牌"御泥坊"中的主导产品，销往全国各地乃至日本、东南亚等地，年销量 60 余万张。

同时，滩头手工抄纸已与北京传说文化传播公司达成协议，正在合作生产博物馆系列古籍、古字画修复用纸。近年来，滩头土纸还应用到茶叶原生态包装纸、书法用纸上。

滩头手工抄纸技术是我国历代劳动人民智慧与汗水的结晶，它为推动人类物质文明和精神文明的向前发展立下过汗马功劳。同时，土纸本身和后续产业中的某些功能，机制纸仍然不可替代。

滩头有一种特殊的花纸，这就是湖南最具地方色彩的"滩头民间木版年画"，简称"滩头年画"。据《隆回县志》记载，滩头木版年画已有300多年历史。

滩头木版年画是湖南省唯一的手工木版水印年画，滩头是我国四大年画产地之一，滩头木版年画与天津杨柳青、山东潍坊杨家埠、江苏桃花坞的木版年画并称为中国四大年画。

滩头木版年画在20世纪初达到全盛期，有作坊100多家。鼎盛时期，滩头每年销往外地的年画超过2000万张。早被国内外诸多艺术大师誉为民间艺术天地里的"瑰宝"。鲁迅先生在《朝花夕拾》中就描述过楚南滩镇木版年画代表作《老鼠娶亲》。早在元代，滩头镇就是土纸的著名产地，沿袭蔡伦的造纸工艺，远销全国各地，甚至东南亚数国。

年画年画，定当与"年"有关。国人过新年、迎新春，有一种其他任何节日都无法比拟的神圣、庄严、隆重和热闹。新年前夕，家家户户张灯结彩、撰写春联、筹办年货，更不会忘了要从那五颜六色、艳丽夺目的传统年画中选购两张门神贴在大门上，以祈御凶镇宅、纳福迎祥，也为年节增添一份喜庆的色彩。

滩头年画品类丰浩，题材广泛，大多源于神话故事、民间传说和吉祥寓意之类，如秦琼、敬德，神荼、郁垒，关云长、赵公元

帅、燃灯道人，麒麟送子、五子登科、桃园结义、西湖借伞、和气致祥、连年有余等，包罗万象，无所不有。

这里的年画还真特别，选用的纸张必须是当地手工抄制的竹料玉版土纸。印画之前，用刀刮去纸上粗的纤维后放到热气腾腾的甑上去蒸，再一张张地穿上竹签到矾水中拉过、晾干、补破，还要刷一层当地独有的洁白、细腻的石浆泥粉（天应石粉），印绘出来的年画色彩愈加鲜艳、润泽与厚重。

蒸纸

拖胶

同时，年画使用的颜料大多为工匠自己采集的矿植物研制而成，色相更显古朴和沉稳。即便在南方常有的梅雨、浓雾的潮湿气候下，也不容易褪色。这些，都是我国其他任何年画无法比拟，也无从学鉴的突出的地方特色。

滩头匠人对年画的构图，讲究饱满、均衡与和谐，其造型大胆、夸张，且又夸而有度，恰到妙处。尤其是对于门神类人物的塑造，不甚注重头与身高的比例，而是有意夸大其头部而缩减身躯，加上严威的脸谱和到位的披挂等，便给人一种身架四撑、方厚如山又威勇无比和可信可赖的感受。同时，滩头年画还十分在意人物的形象刻画、脸部的细腻表情及动态的传神写照。

滩头年画表现出的质朴、稚拙、洗练的大智若愚之美，还在于它的设色大胆、火辣、艳丽、抢眼，多采用纯度一致的水墨、章丹、槐黄、水红、葵紫和苦绿等色，巧妙地搭配出强烈的冷暖对比，使得画面暄阗欢叫有声，亦俗亦雅愈加鲜活，既蕴含了对于民间原始激烈的生命躁动的尽情倾泻，也直白地表现出南方民间独特的审美情趣。

怀着对滩头木版年画的浓厚兴趣，老后无数次来到了这里。《老鼠娶亲》《福禄寿喜》《猪（祝）福万代》……精美的年画深深吸引了老后的目光。

2016 年，尹冬香租下原大生昌作坊旧宅后，创办了滩头年画福美祥作坊。

"这些作品太美了，一定要保护好，传统文化不能失传，我来帮你们推广，不仅要推向全国各地，还要走出国门，带到联合国去！"老后来到尹冬香年画作坊，对她这样鼓励，更加坚定了尹冬香的信心。

老后确实做到了，先后 5 次应邀参加"联合国教科文组织世界民俗摄影理论研讨会"的他，每次去联合国参会，总要带上滩头木版年画赠送给国际友人，让大家知道这一隆回的文化瑰宝。

如何把滩头木版年画的精品从整体上推出去？这几年，老后一直思考这个问题。"可以做一本滩头木版年画珍品集，做好后，我来把它交给冯骥才先生，请他帮忙推广。"在老后的指导下，尹冬香着手制作滩头木版年画珍品集。

"现在里面的内容都做好了，只差做包装盒进行包装了，可惜，老后就这样离开了，他还欠我一个'承诺'呢。"尹冬香说。现在自己的愿望就是能把滩头木版年画珍品集送到冯骥才先生的手中，完成她和老后的承诺。

"作为非遗传承人，我会像老后一样，一辈子专心做一件事，把滩头木版年画持续传承下去，这是我最大的心愿。"尹冬香说。

看看老后是如何喜欢上滩头的吧，他在随笔中写道：

"我在热情贯注自己全部心力，耗费 30 多年宝贵时光，踏遍湖湘千山万水，偕同老伴沉进偏远村寨，在苦苦追寻民间文化遗存的进程中，拼命地涉猎不同地域、不同民族那丰繁多样、千奇百怪的传统文化，以奠定自己多年追寻的文化梦想。一路走来，我已经采访记录了滩头年画、民间木偶、土法抄纸、雪花皮纸、香粉纸、炭花舞、民间葬礼等百余种光鲜活态的民间文化事象，并着手进行全面的归类整理，以便来日集结成册留存社会。

"滩头年画：为了探究这独具艺术个性的民间木版年画，20 多年来，我先后近百次到古镇滩头考察，访问了数十位年迈老艺人、纸粉挖掘者及 20 多家年画作坊的工艺流程，积累了数千帧图片资料，并不断组稿对外推介，配合县里为滩头年画成功申报国家级非遗作出了有益的贡献。

"土法抄纸：隆回滩头的民间土纸历史悠久，驰名中外。滩头古镇及周围村庄几乎每一户人家都曾立有抄纸槽屋，抄纸、染纸、刷纸、印纸、刻纸、磨纸，人人都与纸有缘，是一处典型的民间纸文化博物馆，现今大多已经衰败，我深知抢救性记录已刻不容缓，不仅深入采访，更常四处奔波，引起相关部门的重视，为保护这一传统手艺倾尽心血。

"香粉纸：一种风行世界130余年的纯天然的纸质化妆品，至今仍为古镇滩头独家生产，它的主要原料石浆泥(天应石)从挖掘、捣碎、水洗、去渣、沉淀、加色、刷涂等几道工序，原始繁复而奇特，均有深入系统的考察。

"我究竟到过滩头几多回了？恐怕数也数不清了。只是，古镇滩头早已在我心中抹之不去，定格永恒。尤其是那闻名遐迩的土纸、色纸、香粉纸和年画这滩镇四绝，着实让我倍感骄傲与亲切。"

这是老后生前在田野调查纪实散文中对滩头的赞美之词。

一分耕耘，一分收获。

图文组稿《滩头民间木版年画艺术》获今日中国杂志社1980—1990十年用稿总评优秀奖；

1987年，隆回县被文化部命名为"中国现代民间绘画之乡"。

2006年，滩头木版年画被评为国家级非物质文化遗产。

2014年12月，滩头手工造纸技艺被列入第四批国家级非物质文化遗产名录，该项目主要分布在隆回县滩头镇、岩口等乡镇。

2005年，李志军初识老后时，他的作坊仅有一间陋室，当时抄纸技艺已经式微，老后和他畅谈传承、创新，说争取大家齐心协力把这项传统手艺保存下来。

国家级非遗项目滩头手工抄纸技艺传承人李志军回忆：老后

一边用相机找角度拍摄，一边做笔记，对于各种工艺技术都会仔细观察并问清楚。"他还会想象古人是怎么一招一式抄纸的细节……都可以写论文了。"

2020年7月中旬，老后应邀出席了"滩头年画文化传承与现代融合"学术研讨会。

陪冯骥才主席考察隆回

2009 年，中国文联副主席、国务院参事、中国民间文艺家协会主席冯骥才来到湖南时，当时湖南有关方面只安排他去滩头，没有安排他去花瑶地区。

老后认为，冯骥才主席来一趟隆回不容易，应当要请他去一趟花瑶。他向省市县领导建议，但大家都没有把握，冯主席会去吗？

"这个工作我来做。"老后自告奋勇。在他的努力下，冯主席答应去虎形山。

但到花瑶去看什么？这让大家又犯难了。难道就搞一次篝火晚会，唱几曲呜哇山歌给冯主席听？

老后向领导们提出："我们隆回的师公很多，是否可以组织一次大型的师公表演给冯主席看？"

领导们说："这个我们就不好组织了。"

"不用县里组织，由我来组织吧！"他又请缨了。

领导默许了。

他说干就干，自己一个一个地给师公们打电话，讲活动的目的、意义，告诉大家此次活动是没有活动经费的，并提出了活动的各种相关要求。要他们穿表演衣服，带牛角来。为抓实这一工作，他对每个师公都要打五六次电话，以确保万无一失。把隆回的师公请好后，他又邀请了洞口县和武冈市的部分师公，使总人数达到60多人，这一活动光电话费他就用了1000多元。

县里开始只准备了一台中巴车，只能坐20多个人，车到六都寨时，一下就来了30多人。怎么办？有人提出是否要县里再派一台车来？

老后说："再来一台车已经来不及了，冯主席也已经出发了，我们必须走到他前面。"

但谁去，谁不去？老后也为难了。

老后讲："你们都骑了摩托车来的，自己愿意去的就继续骑摩托车上去。"

六都寨有20多个师公骑摩托车上去，洞口也来了一台小面包车，武冈也来了10多个人。

60多个人来了，老后讲要集合一下，大家七嘴八舌，这些人来自不同的派别，怎么组织也是一大难题。

老后说："我来组织。"他就像平时组织宣传队一样，他要大家先唱几首歌，然后确定了几首歌。他又要大家走一下倒路给他看一下。怎么上场，怎么退场，他像个导演似的，同大家一一交代清楚。60多个人操着不同的方言，来自不同的派别，竟都一一听从他的指挥。

老后又问法师："你们谁的表达能力好一些？"

法师们推荐了能说会道者。

老后说，他给他们出个主意，主持人在讲话的时候，他们拿主持人的话筒提要求："冯主席来隆回一趟不容易，我们请求同冯主席合个影。"

法师提出这个请求后，老后趁机向冯主席进言，冯骥才主席高兴地答应了。60多位法师呼地一下围过来，同冯骥才主席合影留念。

当老后提出要给洞口和武冈的法师们一点车费时，他们婉言谢绝道："您都花了这么多电话费和精力，我们还能要钱吗?"

隆回县委宣传部原副部长欧阳黎、陆显中全程陪同冯骥才先生，他回忆道："崇木凼那天下着毛毛细雨，但一点也不影响大家的心情，当冯主席来到村广场时，60多个师公穿着法衣，戴着帽子，右手拿着牛角吹起来，左手掐诀，在崇木凼的大坪里环绕一圈，看得冯骥才主席眼睛发亮。冯主席高兴得不得了，几次从座位上站了起来，他一米九几的人站起来就像一座铁塔。老后一直在跑上跑下，他看到冯主席这高兴样，他自己更兴奋了。"

老后又请冯主席去看了大托石瀑等景点，欧阳黎说："在爬山时，快七十岁的老后一个劲地把冯主席往山上拉，其实冯主席的年纪与他差不多大，可他生怕冯主席不去看了。"

在离开隆回之前，隆回县有关人员请冯骥才题词，他欣然写下："隆回民艺浓似酒，滩头年画艳如花。"冯骥才先生回去后撰写了《老后与花瑶》(又名《细雨探花瑶》)，此文已收录到他的新著《乡土精神》中，并题赠一册给老后夫妇以为纪念。

致力发掘民俗文化

　　隆回是梅山文化的核心区，也是民俗文化的富矿。

　　民间木偶：隆回横板桥碧山的民间木偶戏，俗称"阴戏"，除了作为传统民间戏艺的一种，更有浓烈的民间宗教意识融合其中，至今仅有八位七八十岁高龄的老艺人在支撑着演出，几近消逝。老后自发加紧挖掘抢救，与这几位老人交朋友，并积极支持他们推荐申报非遗项目。

　　炭花舞：俗称"划流星"，早年当地过大年期间玩狮子舞龙灯时，前面一人手持长三四米的竹竿，一根长绳系个碗大的铁丝网，内盛燃烧的木炭，由竹竿顶吊下，艺人边走边舞动着竹竿，在湛蓝的夜空中挥舞出变化无穷的炭火星花，在前为后面的龙狮队伍开路。如今仅几个老艺人还能勉强坚持，老后一边考察记录，一边鼓励年轻朋友学艺，以示传承。在他的努力下，七江镇还把炭花舞引入中小学课堂。

　　民间葬礼：湘中民间葬俗，礼仪繁缛，规严，肃穆而隆重，但有时会弄得孝家劳民伤财，元气大损，操办中稍有不慎，亲人还会大打出手，反目成仇。虽有些许陋习夹杂其间，却也属民间千百年代代相承的文化现象，断然马虎不得。老后真实记录，留下了历史的印痕。

老后说："我对传统文化的痴迷，虽是个人自觉的文化行为，胸中却一直装着古老广袤的中华大地。"

为了更全面了解省内外的民间文化及文化遗产的现状，老后曾自费跑完了湖南省的近 100 个县市，对当地文化粗略考察了解，以期为自己的走向寻找新的兴趣点。

老后采访考察过的非物质文化遗产和其他传统民俗事象题材见下表。

序号	内容	序号	内容	序号	内容
1	滩头年画	22	土法操纸	42	雪花皮纸
2	香粉纸	23	民间木偶	43	炭花舞
3	民间葬礼	24	邵阳布袋戏	44	宝庆翻黄竹艺
4	武岗楹联古村落	25	湘西蜡染	45	邵阳羽毛画
5	凤凰纸扎	26	湘西苗绣	46	蓝印花布
6	芷江石雕	27	土家木雕	47	土家婚俗
7	最后的私塾	28	江华"扶灵瑶"	48	宗祠文化
8	瑶族发源地千家洞	29	地方戏艺祁剧	49	江永"女书"
9	道县鬼崽岭	30	特别龙舟赛	50	湘绣
10	铜官陶窑	31	上甘塘古村落	51	民间葬俗
11	高椅古村落	32	通道侗文化	52	洪江古商城
12	洞口祠堂愿戏	33	绥宁古镇小考	53	洞口桥文化
13	侗寨菩萨上座	34	绥宁字塔	54	南方长城
14	湖湘匠艺	35	苗族风情	55	民间贞节坊
15	湘北草龙	36	张谷英大屋	56	朝南岳风俗
16	古井文化	37	民间联语	57	南洞庭渔俗
17	民间工艺美术	38	民间口头文学	58	民间宗教音乐
18	广西连南红瑶	39	南丹白裤瑶	59	民间猎俗
19	贵州荔波黑瑶	40	恭城平地瑶	60	民间医术
20	民间建屋奇俗	41	民间饮食礼俗	61	苗族斗牛古习
21	东山禅院文趣				

花瑶守望者

2015年1月6日，台湾文化翘楚、蒋介石早年的英文秘书钱复先生为老后的专著题赠："极为难能可贵的著作，作者的毅力辛劳使我由衷钦佩！"

2020年6月中旬，老后顺利完成邵阳文库——《老后的民俗世界》一书的撰稿任务。

巡回举办《璀璨的乡土文明》讲座

为了更好地对外传播、推介独具特色的民间传统文化，老后将自己耗费几十年心血和汗水考察收集到的丰繁多样、古老新奇而又濒临消失的民间传统文化事项，分门别类，精心整理成一个个独立的篇章。此后十年里，他满腹热情对外推介珍贵的湖湘传统文化。先后应邀到清华、北大、中央民大、天津师大、武汉大学、湖南大学、国防科大、湖南师大等高校和企业集团，做题为《璀璨的乡土文明》的文化讲座200余场，听众10万余人次，深受广大民众和青年学子的好评。

一次在县城九龙学校上课时，原来是准备讲给九龙学校的老师和县教育局的同志听的。但学校看到礼堂大，担心人少了没有气氛，于是喊了几个班的学生坐在前面。老后走进礼堂一看，大吃一惊："怎么来了这么多学生？我只是备了成年人的课啊！"他只好临时改动，先上一半适合小孩听的内容，如回文诗、藏文诗等；再讲一半给成年人听的内容。整堂课讲了近3个钟头，小学生竟没有一个提出要上厕所的。

在国防科大上课的时候，大部分是在校研究生，有一部分是退下来的将军，所有听课者都被老后的精彩讲课深深吸引了。下课后，大家都围着后老师不肯离去，都说后老师的课讲得真好！老后谦虚地说："不是我的课讲得好，而是我们的花瑶风景实在是太美了！"

一位老将军站在门口一直在等着老后，当老后走出来时，他拉着老后的手说："后老师，我还能耽误你几分钟吗？"

"将军，您请讲。"老后非常感动地说。

"后老师，你的课讲得真好！为了表达我对你的敬意，我想送一幅字给你，可以吗？"

"这敢情太好了，谢谢将军！"说完，老后敬了一个并不标准的军礼。

老将军也很庄严地回敬了一个军礼。

在武汉大学上课时，学校的一些教授、研究生都来听课，听了他的课以后，大家意犹未尽，不让老后走。老后又组织了一个座谈会，就瑶族的生活与风俗习惯进行了一个下午的座谈。

在山西理工大学上课时，有几位听课的师生是邵阳或隆回人，听完课后，他们把老后围了起来："后老师，听到您的乡音，我们这些游子感到好亲切。您的课让我们对家乡的花瑶有了一个大致的了解，谢谢您！"

在邵阳市委党校上课时，听课的都是一些处级以上领导干部，学员们一个个认真做听课笔记，不断有学员举手提问，他不厌其烦地耐心解答，师生互动很好，整个课堂十分活跃。

他的最后一堂课是在金石桥镇政府四楼会议室，这个能容纳200人的会议室座无虚席。金石桥与小沙江、虎形山瑶族乡都是相邻乡镇，但他们却对老后所讲的很多东西一无所知，老后讲的内容让他们越听越感兴趣，也让他们越听越深感汗颜。听完后，一些人更是对后老师提出了"无理"要求："后老师，明天就是双休日，您今天就别走了，干脆明天我们开车上去，您就做我们的导游好了。"没想到老后竟欣然应允，第二天又给他们当了一天的免费导游。

他还受聘担任武汉纺织大学《民间传统手工艺挑花双创设计人才》国家培训项目授课老师；应邀出席长沙"2015 两岸人文对话"《周虽旧邦，其命维新——中华文化对人类未来可有的贡献》学术研讨会；应邀为湖南大学设计艺术学院做乡土文化讲座；应邀出席中国湖南新化傩文化国际学术研讨会；应邀到中央民族大学为研究生做《璀璨的乡土文明》专题讲座；应邀到天津师范大学做《神秘的花瑶》专题讲座；应邀到千年学府"岳麓书院讲坛"做《璀璨的乡土文明》专题讲座；应邀出席云南香格里拉年赛颁奖典礼暨联合国成立七十周年纪念活动。

2017 年秋，应邀到湖南大学设计艺术学院为该院和来自美、英、法、意、德、加、韩、伊朗等国的设计艺术家做《神奇的花瑶挑花》专题讲座，并陪同他们到花瑶山寨考察。

老后还先后十九次应邀出席国内外学术研讨会。

①六次应邀出席联合国教科文组织和中国民俗影协联合举办的《世界民俗摄影理论研讨会》(北京、巴黎、中国科技馆、宁波、四川、香格里拉)

②四次应邀出席《中国梅山文化研讨会》(新邵、隆回、新化、安化)

③应邀出席《为未来记录历史——冯骥才文学艺术与传统文化保护》国际学术研讨会(天津大学)

④中国国际傩文化研讨会(湖南新化)

⑤中国国际瑶文化研讨会(广西)

⑥中国"喜"文化研讨会（贵州）

⑦中国瑶文化国际研讨会（广东）

⑧《海峡两岸人文对话》研讨会（长沙）

⑨《传统村落空心化及其对策》国际研讨会（天津大学）

⑩《老后民俗摄影作品》学术研讨会（吉首大学）

⑪《文旅产业融合发展》智库专家座谈会（湖南邵阳）

在这些研讨会上，老后都在想方设法宣传隆回。

在隆回县委党校的一次讲课上，老后是这样自我评价的：

一介普通的老者，未曾进过大学的门槛，竟频频应邀去北大、清华、湖南大学、中南大学、中央民大、国防科大等一流高等学府，为大学生、研究生、博士们、将军、博导，激情宣讲我们家乡璀璨的乡土文明；

一位孤独的游侠，自知囊中羞涩，只是埋头前行。不意，常又受邀到北京、山西、南昌、宁波、长沙及云贵、两广等地巡回举办大型公益主题文化展，且被国家文化部门纳入对外文化交流展出的准备项目；

一位有梦的痴人，虽没机会接受任何专业的正规研习，却时不时传来又在联合国、在全国及省、市、县获奖，甚至还稀里糊涂斩获全球华人文化领域至高无上的荣誉……

有人就问："老后，你个疯疯癫癫的白毛姥姥，天马行空，来无影，去无踪，究竟凭的啥？"

嗨！就凭了家乡隆回这片神奇的土地养育了我，赋予我一份坚忍的秉性、无尽的灵感、厚重的责任，且让我和我的家人倍加懂得感恩；

就凭了儿时的我，是穿着奶奶用棒槌捶打过的衣服渐渐长大，心底无尘；就凭了睿智融融的儿女和孙孩，给我以太多的欢乐、启迪、照顾与关爱；就凭了有聪慧善良的妻子朱春英，与我风雨同舟、相扶相携、久久相伴。

还有诸多领导、专家、导师、亲朋对我的无限信赖、支持、帮助和鼓励。

于是，我便有了十足的底气和信念，常常携着老伴，踏破晨露、迎着朝霞，去高高的山上看云海、谒太阳，去云游世界，去探寻心中的梦幻。

这朴实的语言，赢来了台下雷鸣般的掌声，也激励了家乡更多的年轻人以他为榜样。

应邀作题为《璀璨的乡土文明》的传统文化讲座一览

一、高等院校

01 清华大学

02 中央民族大学

03 北京电影学院

04 北京长江商学院

05 太原理工大学

06 山西财经大学

07 太原理工大学轻纺工程
   学院

08 山西大学美术学院

09 山西文学院

10 晋中学院

11 国防科技大学

12 中南大学

13 湖南大学

14 湖南师范大学

15 湖南工业大学

16 湖南省建筑设计研究院

17 国际大学生组织埃赛克

长沙论坛

20 岳麓讲坛

18 中南大学湘雅医学院附
   一医院

19 中南大学湘雅医学院附
   三医院

20 邵阳学院

21 湖南工商大学

22 湖南轻工业高等专科
   学校

23 湖南第一师范学院

24 吉首大学

25 长沙金鹏艺术培训学校

26 中央美术学院

27 湖南艺术职业学院

28 天津师范大学新闻传播
   学院

29 武汉纺织大学

二、中小学校

01 长沙市麓山国际实验学
   校(2 场)

02 湘潭县一中

03 隆回县一中(2 场)

04 隆回县二中

05 隆回县职业中专

06 隆回县九龙学校

07 六都寨中学

08 虎形山民族团结学校

09 六都寨学区

三、院馆台社

01 首都博物馆

02 中国国学研究与交流中心

03 人民教育出版社报刊社

04 海外华文媒体大美湘西采访团

05 湖南安全与防灾杂志社

06 湖南省图书馆"湘图讲坛"

07 岳麓书院

08 魏源讲坛

09 洗心禅寺

四、群文社团

01 珠海市摄影家协会

02 湖南省老干部摄影家协会

03 湖南省民俗摄影协会

04 郴州市摄影家协会

05 常德市中行摄影家协会

06 邵阳市中行摄影家协会

07 道县摄影家协会

08 隆回县摄影家协会

09 北京绿野仙踪俱乐部

10 北京影友会

11 广东连南瑶族文化论坛

12 贵州荔波瑶麓黑瑶文化节

13 隆回县非遗中心

14 洞口高沙民间文化研究中心

15 巴黎春天影艺中心

16 行色匆匆网

17 隆回县中行

18 尼康长沙俱乐部

19 江西省摄影家协会

20 湖南省舞台摄影家协会

21 湖南省直媒体记者

22 湖南省社会科学界

23 长沙市邵阳商会

24 广东省摄影家协会

25 湖南省摄影家协会

五、党政机关

01 邵阳市人大常委会
02 中共邵阳市委党校
03 邵阳市文学艺术界联合会
04 隆回县政协
05 中共隆回县委党校
06 横板桥镇政府
07 六都寨镇政府
08 虎形山瑶族乡乡政府
09 隆回县就业培训中心
10 六镇寨寨正街居委会

11 隆回老年大学
12 隆回导游员培训班
13 隆回罗洪乡政府
14 湖南省军区社区
15 金石桥镇政府
16 隆回滩头镇政府
17 长沙市芙蓉区韭菜园街道办事处
18 湖南隆回长寿村
19 邵阳市国税局
20 长沙市教育局机关

六、工矿企业

01 湖南宝山矿业集团
02 湖南御家汇控股集团
03 江西铜青金属工艺品有限公司
04 中信摄影艺术中心
05 涟源钢铁集团
06 长沙市尚书房茶座

07 北京中国纽曼集团
08 光大银行
09 邵阳市自来水公司
10 雪峰山生态文化旅游公司
11 兰天集团
12 长沙市移动公司

在国内外报刊台大力推介家乡的传统文化

为了对外传播家乡独特的传统文化和丰繁多样的湖湘文化，老后变着法子在国内外一些有影响力的媒体上，诸如《人类的记忆》《人民画报》《民族画报》《解放军画报》《人民日报》《光明日报》《文化月刊》《民间文化》《文化遗产》《探索》《文明》《中国建设》《中国旅游》《中国文化》《中国故事》《民族论坛》《上海航空》《东方航空》《炎黄地理》《湖南日报》《湖南画报》等，刊发大量民俗文化组稿，累计达800余个专版，为湖湘文化走向世界产生了不可替代的影响。

部分专版

刊物名称	稿件标题	版面数
《人类的记忆 1》	花瑶婚俗	2
《人类的记忆 2》	江南葬礼	4
《民族画报》	圣洁的疯狂	5
	迷人的花瑶挑花	2

续表

刊物名称	稿件标题	版面数
《民族画报》	瑶山惊现大峡谷	4
	苗族百岁夫妻	2
	花瑶妹子今更俏	6
	花瑶山民偷着乐	4
《民间文化》	像那花儿一样——花瑶（合作）	7
	梅山舞蹈的美（合作）	3
	苗歌情牵　携手百年	4
	那魂牵梦萦的瑶山	6
	让世界看隆回	6
《文明》	花样花瑶	15
《中国旅游》	大山里的民族——花瑶	4
	花瑶——养在深闺人不知	4
	古镇滩头	4
《中国故事2》	圣洁的疯狂	8
《中国建设》	滩头民间木版年画艺术	5
《中国古镇游》	大托·奇石·古树·花瑶裙	6
	张谷英村（合作）	10
《中国妇女(外文版)》	纸兴滩头	5
《文化月刊》	花瑶挑花	2
	抛牌过印	6
	花瑶婚俗记趣	2
	诡秘的梅山文化	6
	花瑶·山寨·挑花女	2

续表

刊物名称	稿件标题	版面数
《文化之声》	秋歌(封面)	1
	花瑶山寨挑花女	4
	滩头民间纸文化探秘	8
	诡秘的梅山文化	9
	心底的话	1
	圣洁的疯狂	4
《湖湘文化》	神秘的花瑶	6
《晨报周刊》	大年夜敲开那扇木质寨门	2
《新闻图片报》	冬日瑶山	1
《开放导报》	花瑶·山寨·挑花女	4
《文化遗产》	花瑶挑花的前世今生	6
《人与自然》	大山深处有花瑶	13
	古镇滩头纸文化	8
	探瑶乡峡谷	10
	衣争美艳人争秀	5
《纽曼之音》	遥远的净土 原始的呼唤	4
《上海航空(外文版)》	一支藏在大山里的民族	5
	古镇滩头的民间纸文化	5
	花瑶	1(封面)
	花瑶冬日乐	4
	走进湘西南神秘的大山深处	31
	天下第一屋	6

刊物名称	稿件标题	版面数
《山野》	我领山民去探险	5
	大托——封存完好的湘西胎记	2
《探索(台湾)》	湖南花瑶	20
	我爱花瑶	24
《民族论坛》	情蹈瑶山	3
	一位英国艺术家在瑶山	2
《炎黄地理》	虎形山花瑶	14
《家庭生活》	袁隆平的七彩人生	4
	罕世的百岁夫妻	3
《旅游时代》	花瑶——养在深闺人未知	4
	大山里的民族——花瑶	4
《湖南旅游》	花瑶	2
《长沙教育》	孩子们的乐园	4
《湖南古镇》	滩头·大托·洪江·张谷英	8
《金牌》	最后一块瑶王禁地	4
	虎形山大峡谷	4
	梅山文化的活化石——花瑶	4
《民间摄影》	隆回·花瑶·风情	4
《民族》	情陷瑶山	2
《首博活页》	神奇的花瑶	12
《长寿》	107岁的接生婆婆	3
《旅游画册》	睁眼看世界的地方——隆回	20

刊物名称	稿件标题	版面数
《旅行》	湖南滩头年画	5
	美丽得如同黎明一样（合作）	14
	关于瑶山的对话（合作）	8
《七天》	花瑶婚俗三部曲	2
	土家族传统婚礼	2
	现代青年婚礼	2
《年鉴》	圣洁的疯狂	6
	奇异的滩头年画	3
	独特的花瑶挑花	3
	生命·生活·重阳	8
	神秘古老的梅山文化	6
	多彩中华　魅力花瑶	6
《风景名胜区》	虎形山花瑶	20
《湖南画报》	纸乡滩头	2
	那山　那寨　那色彩	6
	生死交情是石君	4
	皮纸之乡	3
	寨上人过戏瘾	4
	看，花瑶妹子走过来	4
	向自然逃亡（白马山）（合作）	2
	遥远的星空	4
	神奇的石浆泥	2
	远山的微笑	2

刊物名称	稿件标题	版面数
《湖南画报》	袁隆平的休闲时光	6
	厨师与领袖	2
	精明的廉桥人	2
	迷信的邵阳翻黄竹刻	1
	大山一样的情怀	2
	他们在桥上写人生	1
	邵阳特大恶性爆炸案	2
	滩头年画今昔谈	1
	魏源——睁眼看世界的人	2
	缅怀毛主席　建设新韶山	5
	满园生机　满园温馨	4
	美不美 家乡水	3
	湘西狮王聂胡子	2
	滩头年画	2
"潇湘八景"申报	中国花瑶	20
国家风景区申报	神秘的花瑶	20
湖南风景区申报	神秘的花瑶	20

他还利用自己在文化艺术新闻界的广泛影响，邀请国内外电视传媒来花瑶采访。

他曾先后主动邀请英国 BBC 国际台、中央一套、中央二套、中央三套、中央四套、中央七套、旅游卫视、陕西卫视、湖南卫视、湖南经视、长沙电视台、浙江卫视、南京卫视、广西卫视等

20余家台社来花瑶义务拍摄电视专题片,以进一步扩大、传播花瑶文化的力度和影响。

他还先后协助江苏电视台、浙江电视台、南京电视台、广西电视台及湖南各市、州台社的同仁到瑶山采风拍片。

电视台社	专题内容	编导(制片人)
英国 BBC 台	湖南民间文化	迈克·纽曼
中央一台	神秘的花瑶	王建川　唐理震
	滩头年画	
中央二台	迷人的花瑶风情	张文毅　杜　倩
	古老的滩头年画	
中央四台	花瑶新娘	李小江
	湘西蛊毒	
	湘西赶尸	
旅游卫视台	明星旅游站	韩建华
陕西卫视台	瑶山大峡谷	彭少伟
湖南卫视	花瑶风俗	李　兵　余淑君
	瑶山金银花	李　兵
	隆回三辣	
	农民造飞机	
	蜂人大赛	
	花瑶风情	易　军
	新中国成立60周年　花瑶	
	人生如歌	段湘秋
湖南生活频道	土家婚礼	李　暄

续表

电视台社	专题内容	编导(制片人)
湖南经视台	越策越开心　花瑶	汪　涵　马　可
	老后与花瑶	傅琢玉
长沙电视台	花瑶风俗	谢鸿鹤

不遗余力地推介家乡

老后还先后参与了多个考察团组，如：国家级风景名胜区花瑶考察团、省级风景名胜区花瑶考察团、潇湘八景评选花瑶考察团、邵阳市旅游考察团、北京欧文花瑶考察团、湖大设计艺术学院花瑶考察团、国际设计艺术家花瑶考察团、湖南省直媒体记者花瑶考察团、省直记者隆回挂职工作团、花瑶申遗项目专家考评团等。在这些考察团中，老后不遗余力地推介家乡。

除了考察花瑶民俗及瑶山周边汉民族传统文化，老后还自费跑完了湖南省内的百余个县市及周边相邻省市，考察了滩头土法造纸、横板桥民间木偶、湘中民间葬俗、邵阳布袋戏、宝庆翻黄竹艺、邵阳羽毛画、武冈楹联古村落等传统文化，并以各种形式宣传这些颇具地方特色的传统文化。

他还将家乡独具特色的民间文化携往世界。

老后的民俗组稿《圣洁疯狂的花瑶婚礼》曾应邀在联合国教科文组织总部和欧洲巡回展出。

2000 年，老后借应邀赴法国出席联合国教科文组织国际会议的机会，特将携带的两件国家级非遗项目《花瑶挑花》裙绣作品，赠送给联合国总部陈列馆永久陈展。

联合国教科文组织特聘专家、澳大利亚著名艺术家麦克·阿么多利亚热情题赠老后：

我非常敬佩你的作品和你所从事的特别重要的文化保护事业。我感受到你作品的主题，且摄影与文字交相呼应，美丽而意义重大。更让我感受到你那杰出的慧眼、温暖的内心和强大的精神！

2005年12月，老后特邀英国BBC国际台著名艺术家迈克到隆回花瑶山寨拍摄专题片。

2009年10月，中华人民共和国成立60周年大庆期间，首都博物馆受命举办《多彩中华》大型国展，老后应邀与首博共同策划国展的开幕式活动，成功协助隆回县委县政府率花瑶文化展演团赴京，做连续一周的专场演出，成为国家大庆期间唯一应邀进京

表演的少数民族团体，受到北京民众和国际友人的赞赏。

2015 年 7 月中旬，应邀与湖南大学设计艺术学院共同策划邀请意大利、加拿大、法国、英国、伊朗、韩国等外国专家赴隆回北部山区考察花瑶文化和梅山文化。

花瑶守望者

2015 年 9 月，老后再次在联合国世界民俗摄影《人类贡献奖》专题大赛中获奖，并在出席联合国成立 70 周年纪念活动期间，又将一对国家级非遗项目《滩头年画》赠送给联合国。

2015 年 10 月，老后支持学生陆显中全力协助国际时装大师马可的无用团队，在北京中国美术馆后街成功举办《滩头木版年画展》。

2016 年 1 月 13 日，老后荣获《人民日报》2015 年度 CSR 中国文化奖"杰出贡献人物奖"，借进京出席颁奖典礼的机会，他又率邀隆回县小沙江诡秘的梅山手诀传人伍瑞军，一道到颁奖现场为与会代表做精彩的表演，受到中宣部、文化部等领导、专家的一致好评。

同时还邀邵阳县国家级非遗项目布袋戏优秀传承人刘永安一道到颁奖现场做精彩的表演，受到领导、专家的高度赞赏。

2016年1月14日,老后再率布袋戏和梅山手诀的两位民间传人到国务院参事室中国国学研究中心为专家学者们做精彩表演,并邀北京卫视前来专访节目。

此外,老后还义务为长沙火宫殿策划元宵节活动,率邀邵阳县燕窝岭国家级非遗布袋戏和隆回县章几塘民间木偶戏赴长演出,并邀约多家媒体和文化界名流召开专题座谈会,反响强烈。

老后还趁台湾老姑妈刘素华女士回乡省亲的机会,托她带一套滩头年画(28帧)回台,捐赠给台湾历史博物馆,受到馆长陈葵森先生及博物馆研究员的高度评价,并在该馆陈列展览、永久珍藏。

协助家乡成功申报多项项目

近30年来,隆回县成功申报了许多项目,每申报一个项目,都需要一些图片,老后都是倾箱倒出,毫无保留,无私奉献。在他的协助下,隆回县成功申报了如下项目:

1. 花瑶景区成功申报"国家级风景名胜区";

2. 成功申报国家级非物质文化遗产项目"花瑶挑花""呜哇山歌""滩头年画";

3. 全国魅力乡村;

4. 中国金银花之乡;

5. 湖南省新潇湘八景;

6. 湖南省风景名胜区;

7. 湖南省最美少数民族村寨;

8. 协助隆回县成功申报"国家级贫困县"。

2012 年,湖南省文化厅、湖南省文联、湖南日报、湖南省文促会和邵阳市人民政府联合为老后举办《我的父亲母亲》公益主题摄影展,《湖南日报》专版推介;

同年 7 月 5 日,《邵阳日报》头版头条发表了肖燕的《一脚迈进一世的情缘》,专门报道了老后的事迹。

老后这种执着的精神,得到了各级领导的肯定和高度评价。

2011 年,老后当选为全国非遗十大新闻人物,并连续三届任隆回县人大代表,第四届隆回县政协委员。

冯骥才先生致老后的亲笔信:

我知你非凡的成就,更知你非凡的辛苦,你是湘中文化的栋梁,我深知你的价值。

全国人大常委会常委、全国总工会副主席周玉清先生题赠老后:

高山仰止、叹为观止、望其项背、不可企及。

中共隆回县委、县人民政府在"感动隆回十大人物"颁奖仪式上的颁奖词中赞誉年届古稀的老后:

30 多年了,他把瑶乡当故乡,走过瑶山的每一条小路,拜访过瑶山的每一户人家，亲近过瑶山的每一棵古树，攀爬过瑶山的每一尊怪石。他从一头黑发的老后，变成了白发的后老，可白发的后老依然走着黑发老后一样的路。

魏源让中国看世界，老后让世界看隆回；老后站在隆回的肩上看瑶山，瑶山站在老后的肩上望远方。家有一老，如有一宝；老后不老，瑶山之宝！

吸引陈黎明投资虎形山

刘启后长期在瑶山中穿行，引发了他一个大胆的设想——溆浦和隆回两县瑶民就是一家，如果连起来开发旅游，就是一件很完美的事。

他物色到了一个人——陈黎明，在溆浦枫香瑶寨搞开发的陈总。老后多番做陈总的工作，终于打动了陈总。

陈总的思想工作做通了以后，县里的部分同志有担心，怕因此使隆回的旅游被兼并，刘启后又做了很多的工作，只要陈总有什么需要，他立马去做，从来不打任何折扣，不讲任何价钱。正是他这种锲而不舍的努力，才促成了两地的旅游开发。

几年前，陈黎明携资本进驻虎形山，参与雪峰山大花瑶景区建设。他投入重金铺路架桥，完善景区基础设施，把山水景观呈现给世人，可民俗文化的内容却并不是简单能呈现的。所幸的是，陈黎明遇到了老后。几十年来，老后发掘整理的花瑶饮食、服饰、歌谣等资料，为这里民俗文化的呈现搭建了基本框架。

"我和老后已经有十来年的合作，他对花瑶文化的挖掘，正是雪峰山大花瑶景区建设最需要的东西。"在陈黎明的印象里，只要是和花瑶有关的内容，老后都会不留余力地参与。

2017 年，香港科技界组织议员考察团走进雪峰山考察采风，已过古稀之年的老后得知后，不顾身体坚持参与。"冰天雪地里，老后摔了好几次，但他依然忍着疼痛坚持向香港的朋友们介绍瑶山景色和民俗。他说：'我一定要把花瑶推出去，让更多人知道这里。'"陈黎明回忆。

"老后是真正贯彻落实党的民族政策的践行者，是民间文化保护领域的殉道者，是开发推介花瑶文化的压舱石！"陈黎明表示，能有现在火爆的雪峰山大花瑶景区，与老后的宣传、推动和献计献策是分不开的。

陈黎明要开发花瑶，想在溆浦高铁站附近建一栋楼，为老后夫妇开辟专门的工作室，为他们夫妻开出的待遇也很优厚，并专门安排人照顾他们两位老人的生活，并多次把他们接到溆浦。刘启后婉拒了，说花瑶的主要人口在虎形山，如果他离开隆回来到溆浦，人家会说他背叛了隆回。

　　"现在虎形山花瑶古寨建起来了，从草原村到溆浦山背的五米五宽的草砂路早已通车了，从虎形山水栗凼至溆浦高铁站的索道已架好，新新高速也已动工，往虎形山的连接线即将动工，虎形山的旅游很快就会进一步红火起来，可老后却不跟我们玩了。"陈黎明说起这些，鼻子一酸，不胜伤感。

受聘并到全国各地参与活动

2005 年，老后受聘到《湖南画报》社担任摄影、文字记者，并负责外接大型画册的采编；

受聘担任邵阳市迈步者户外运动俱乐部大型户外活动总顾问；

受聘担任北京影视研修学院客座教授；

受聘担任山西省晋中学院客座教授；

当选湖南省民间美术研究会理事；

老后应邀到清华大学美术学院为研究生做民间文化专题讲座；

获选出任"中华文化遗产影像抢救联盟"副主席；

荣任邵阳学院湘西南民族民间音乐研究所荣誉所长；

受聘担任邵阳学院音乐学院客座教授；

受聘出任"贵州荔波中华万喜文化艺术园"专家委员会专家；

应邀到邵阳市松坡美术馆举办《我的父亲母亲——老后的大山情结》公益主题摄影展；

受聘担任隆回县职业中专"非物质文化遗产传承指导委员会"顾问；

获选湖南省首批八大"新乡贤"，2016年6月30日《湖南日报》以《老后用光影托起花瑶》为题专版报道老后；

当选湖南省民俗摄影家协会专家团专家；

受聘担任长沙民政职业技术学院《思政大讲堂》特聘导师；

受聘担任"邵阳市民间文艺家协会"顾问；

老后与春英恩爱夫妻的金婚纪念　1968.12.08—2018.12.08

受聘担任"隆回县民间文艺家协会"顾问；

受聘担任"隆回县扶贫宣传形象大使"；

应邀到天津卫视做春节访谈节目，并在录制现场举办"神秘的花瑶"摄影展；

受聘担任湖南大学国家艺术培训资助项目"少数民族织锦刺绣工艺创新人才培养"专家团队授课老师；

2018 年，应邀出席天津大学《为未来记录历史——冯骥才文学思想与传统文化保护》国际学术研讨会，并发表论文"从早期的无序爱好，到如今的文化自觉——循着冯骥才先生的足迹前行"；

长期以来，老后不只是在这些地方受聘，更多的是积极参与他们的活动，或千方百计为这些单位献计献策。

获奖专业户

一分耕耘，一分收获。

1990年，老后花近一年的时间深入考察，刊发了大型民俗稿件"皮纸之乡"，并合作录制出民俗专题片《皮纸之乡》，荣获全国电视专题二等奖和湖南省一等奖。

1992年，获湖南省、邵阳市人民政府"记大功"；受聘担任湖南画报社特约记者；组稿《运用多种形式开展涉台教育》获湖南省对台宣传二等奖；摄影作品《淘金大桥》获湖南省对外宣传二等奖；获邵阳市利用外资和对台经济工作总评先进个人；获隆回县政协本年度优秀政协委员荣誉。

1994年，电视专题片《山旮旯里的瑶乡》获"湖南省广播电视奖"评选三等奖；获长沙市首届中小学科技节"科技板报设计大赛"一等奖(代麓山国际设计)；获第九届"湖南之星"包装设计大赛银奖("常回家看看"礼品袋)。

2000年，老后荣获中国艺术摄影学会"金路奖百名摄影英才"和"盛世群星"称号；作品《山寨之光》获湖南第二届《三湘群星奖》。

2001 年，获"隆回县对外宣传特殊贡献奖"，中共隆回县委在县影剧院为他举行了隆重的颁奖大会，并在大会上为他奖励价值5 万元的相机一台；同年加入湖南省作家协会；摄影作品《五洲情深》获中国民俗摄影协会"纪实作品珍藏奖"一等奖；摄影作品《歌师傅》获文化部"首届全国老年人主题摄影大赛"二等奖；图文组稿《圣洁的疯狂》入选我国第一部图片故事专著《中国故事——百位摄影家眼里的故事》；组稿《江南葬礼》获联合国与中国民俗影协联合举办的第二届国际民俗摄影《人类贡献奖》大赛"人生礼仪类"二等奖，并应邀出席在北京王府井饭店举行的颁奖典礼和国际学术研讨会。

2003 年，摄影作品《老两口》获"三湘新形象"摄影大赛特等奖；获邵阳市第三届"摄影十杰"荣誉称号；应邀出席"韶山毛泽东诞辰 110 周年纪念活动"并采写专题稿件大篇幅见刊于《湖南画报》；摄影作品《春满神州》在新浪、新民晚报举办的宣传大赛中获佳作奖。

2004 年，老伴朱春英的摄影作品《爷孙俩》《他爹和孙孩》在中国摄影家协会与中国百胜客举办的"欢乐父亲"摄影大赛中获优秀奖。

2006 年，老后自费走遍湖南省内 14 个市州和 88 个所辖县，以全面了解潇湘民间传统文化；

在凭着一己之力挖掘、留存民间文化的同时，老后四处奔走呼吁，希望社会各界参与到民间文化的保护与利用中来。他凭着一双腿和一部相机，与时间赛跑，把那些珍贵的民间文化一点一点抢回来，一遍又一遍地展示并介绍给世人。

在他的努力下，隆回的民间文化引起了国内文化界的高度关注。在政府和相关部门的支持下，2006 年，面临消逝的"花瑶挑花"

"呜哇山歌"和"滩头年画"成功申报为首批国家级非物质文化遗产。

摄影作品《戏牛图》《京城瓦韵》入选香港第二届全国摄影艺术大展。

2011年，老后获"湖南省非物质文化遗产抢救与保护十大杰出人物"；组稿《怪诞的花瑶婚礼》获联合国教科文组织第八届国际民俗摄影《人类贡献奖》年赛"记录奖"；获选湖南省民俗摄影家协会荣誉主席；获邵阳市第二届"敬业奉献道德模范"提名奖。

2012年，老后获邵阳市首届文学艺术突出贡献奖。

2013年，老后获湖南省第四届道德模范称号，中共湖南省委书记徐守盛亲自为老后颁奖，老后也是湖南省文化艺术界获此荣誉的第一人；获邵阳市第三届"诚实守信道德模范"称号；当选"邵阳市对外文化交流协会"第一届常务理事。

2014年，获全球华人文化领域最高荣誉"2015十大中华文化人物"；刘启后当选"十大中华文化人物"时，评审委员会对他的评语是：保护民间文化的脚步从不停歇。

民间文化是中华民族根的文化，是人类重要的文明遗产。华夏五千年的民间文化，博大而灿烂，但在现代化的冲击下，许多种类已身处濒危，抢救与保护刻不容缓。

同年，受到全国人大常委会副主任许嘉璐的亲切接见，中国文联副主席冯骥才先生专门发来贺电；获"邵阳市文艺家志愿者模范"称号；摄影作品《颐和园印象》获中国摄影优秀奖；《花瑶风情》等20件摄影作品在首都博物馆承办的"多彩中华"大型国展和相关历史画册书报中入选；获选隆回县"十大感动隆回人物"。

2015年，获"CSR中国文化奖、杰出贡献人物"称号；获中国文物保护基金会第八届"薪火相传——传统村落守护者"优秀人物；获湖南省摄影家协会最高荣誉"主席特别提名奖"；摄影作品

中国文联副主席、国务院参事冯骥才主席多次亲切接见老后春英夫妇，并对他们的数十年自觉参与民间文化挖掘保护事业给予高度赞赏和多方指导。

《神秘的花瑶山寨》《大托石瀑》入选"湘鄂赣皖风光摄影大展"。

2016年，组稿《滩头民间木版年画》获联合国教科文组织参与主办的第九届《人类贡献奖》国际民俗摄影年赛文献奖；获"邵阳市最美家庭"荣誉称号。

相携到永远——老伴春英七十寿诞纪念　2016.3.17

2017 年，老后一家获"全国最美家庭"荣誉称号；获"湖南省最美家庭"荣誉称号；

老后　（左三）民间文化专家、著名民俗摄影家、作家；

夫人　朱春英　（右三）职业摄影师、民俗摄影家；

儿子　刘丹（右一）大学　隆回县农业银行职员、乡镇分行行长；

儿媳　戴芳（右二）大学　隆回县政府城建投资办公室会计师；

孙子　刘笛旻（右四）大学　长沙光大银行职员、业务经理；

女婿　周建强（左一）大学　亚信中国科技有限公司资深技术顾问；

女儿　刘爽（左二）大学　长沙麓山国际实验小学语文教研组组长、全国小教名师；

外孙女　周笑鸥（左四）北京大学计算机应用在读，多次在世界大学生比赛中荣获金奖。

中间所示书法系中国文联副主席冯骥才先生题赠朱春英摄影作品《老后双杠倒立图》："湘中老后一奇叟，大地寻花日日走；魏源古渡见双杠，腾身跃上露一手。——老后奇闻我歌之"。

获"邵阳市民间文艺突出贡献人物"称号；

获隆回县文艺工作突出贡献奖；

《楚南古镇的滩头年画》获"我的家乡是最美"创作大赛一等奖。

2019年6月26日，应邀携老伴朱春英赴香港出席"全球艺术家联盟第二次代表大会暨《艺术与和平》艺术家作品展"，老伴朱春英的摄影作品《艺术家与山民》荣获佳作奖，老后获全球艺术家联盟摄影终身成就奖。

老后与春英夫妻俩在香港一起登上颁奖台接受全球艺术家联盟主席姚继成先生亲自颁奖。

老后走了

2021 年 8 月 30 日上午，有全国四大火炉之称的长沙正处酷热之中。早饭后，老后对夫人朱春英说："春英，我要到省国画馆找罗亦飞一下，商量花瑶的一些事。天气太热了，你就别去了，我一会儿就回来。"

春英想：你去了，我就在家里做做家务好了。只是顺便问了一句："你带了公交卡吗？"

"我带了。"老后说完急匆匆地出门了。

老后独自一人在路上走着，一个骑电动车的小伙正面向他冲撞过来。老后来不及躲闪，被这位来长沙打工不到一周的河南小伙冲倒，后脑勺重重地撞到水泥路面！

鲁莽冒失的小伙当即被吓蒙，他呆呆地站在那里不知所措。

路人见状，当即拨打 120。

很快救护车来了。

11 点 50 分左右，长沙市第一人民医院一名护士给朱春英打来电话："您是刘启后家属吗？刘启后出车祸了，现在正在长沙市第一人民医院抢救。"

朱春英第一反应以为是骗子的电话，问："你怎么知道是刘启后？"

"我是医院的护士，您没见我这是拿刘启后的电话在打吗？"

春英一听老后出车祸就慌了，她连忙给女儿刘爽打电话，但大脑一片空白，怎么也记不起女儿的电话号码，她骂自己不争气。

她好不容易打通女儿的电话，同女儿、女婿急忙往长沙市第一人民医院赶去。

当他们赶到那里时，医生护士正全力以赴对老后进行抢救。

护士告诉他们："刘启后颅内出血，伤情严重。"

朱春英此时头脑清醒一些了，她握住老后的手说："启后，你是世界上最坚强的人，你一定要挺住啊！我会为你找最好的医师来。"

此时老后还有一点意识，听到妻子这么一说，他用力睁眼，想看看他挚爱一生的春英，他眼睛睁开了一条缝，想抬起头来。

春英立马制止了："你颅内出血，头不能动。"说完她马上给湘雅医院的肖书记打电话，说刘启后出车祸了，颅内出血，现正在长沙市第一人民医院抢救，请求派人来帮忙。

肖书记安慰她："不要急，我马上安排医师来。"

不一会儿湘雅的医师来了，他们立即同长沙市第一人民医院的医师一起会诊，商量最佳办法。

很快地，老后被送进了手术室做颅内手术。

12点20分左右，正在隆回滩头上班的刘丹接到他儿子的电话："爷爷出事了，您赶紧来长沙市第一人民医院。"

刘丹问："是什么车子碰的？"

"是摩托碰的。"

听到是摩托碰的，刘丹稍微松了一口气。

他立即驱车赶到县城，向单位领导请假，并要妻子一同赶赴长沙。

刘丹妻子戴芳担心他心情紧张，不让他开车，要堂兄驾车，三人一同赶往长沙。

车一进长沙就被堵住，刘丹急得要命，但又无可奈何。

刘丹赶到医院时，已是晚上8点多，见母亲泣不成声，妹妹则背着父亲常年工作使用的背包不停走动。

刘丹不用想也知道背包里的东西：相机、临时记录本、笔记本及通讯录，这几样一直是父亲随身携带的。

老后晚上11点47分出手术室，立即被送进了ICU。儿子儿媳连父亲的面都没有见上。

第二天上午时分，护士打来电话，说心率有好转。听到这一消息，一家人心情稍有安定。为了方便照顾，也为了让母亲能够休息，他们在医院附近宾馆开了一间房。

这天晚上，原中共隆回县委常委、县委宣传部部长、现在任省委政法委处长的李明海赶来探视老后，因人在ICU，未能见上，只能同其家属一起回忆过往的一些事情。

8月31日晚上11点多，医院打来电话，说刘启后不行了。

刘丹闻信后以百米冲刺的速度赶到医院，见医护人员正在给其父亲做心肺复苏。为了抢救老后，他们一个个衣服都湿透了，但终究无力回天。

晚上11点43分，老后的心脏停止了跳动。

刘丹泪如雨下，大喊"爸爸！爸爸!"，但父亲再也不可能睁开眼睛看他一下。

一家人闻讯都快速赶了过来，哭声一片。

深爱他的夫人朱春英哭得死去活来，她一直抓住老后的手不放，口里重复着同一句话："启后，你平时说起话来滔滔不绝，今天怎么一句话都没说就走了呢？"

　　老后在长沙的朋友们闻讯后也立即赶赴过来，见老后最后一面。

　　刘丹告诉大家说："最后一次见父亲，是在中元节。父亲说到想用镜头记录下瑶山乡村振兴的瞬间。"

　　女儿刘爽也说："父亲了解花瑶文化的魅力，他帮助花瑶树立了传统文化品牌，帮助花瑶人找到了可持续发展的路径，更帮助花瑶人找到了文化自信。"

　　退休后刘启后住在长沙。从长沙到瑶山，往返一趟800公里。"这些年来来回回两地跑，最疯的那一年，跑了26趟。"刘启后的老伴朱春英说。

挽刘启后先生联语

老后去世后，其生前好友纷纷撰联撰文进行悼念。现摘录部分。

艺坛恸老潇湘树；瑶岭长留文化情。

——周玉清

可称博洽专家，熟精民俗，通明宗教，高校讲非遗，热心当向导，足迹遍旮旯，匆匆人去也，湘水同悲，悲悲悲，悲君遽陨，遽陨从今无老后；

好像单纯孩子，清澈眼神，矫健身形，随时玩倒立，公岁记华龄，镜头看世界，戚戚何伤乎，瑶山只盼，盼盼盼，盼尔重来，重来依旧是少年。

——李逸峰

浑难忘，三天以前，朋友圈中，虎态猿姿，日日更新，瑶山逐梦君身健；

最伤心，半月之后，金秋夜里，冰轮孤影，年年依旧，老伴思亲泪水多。

——张千山

卅余年守望瑶山，撩开神秘面纱，世界看隆回，在华人文化之中，荣膺十大；

千万里行游足迹，传播非遗故事，巨星陨车祸，留道德楷模于后，长励八都。

——邹宗德

悲传四水，艺坛失巨星，飞瀑千寻如洒泪；

寒袭三秋，古寨无君影，呜哇一曲遍招魂。

——萧伟群

四十载瑶山守望，是为之执，是为之痴，秋夜唏嘘伤诀别；

数百篇锦绣图文，无关乎名，无关乎利，山歌哀怨盼归来。

——夏亦中

笑脸虚怀，龙杖开山行鹤路；

伤心遗恨，银花抱石唱骊歌。

——欧阳日初

老后去世后，瑶山的民众泣不成声。虎形山瑶族乡草原村的曾幼苏含泪写下了回忆文章：

1989年秋季的一天，匡国泰老师、湖南省文联文学评论家李元洛老师及夫人、启后老师一行来瑶山采风，小住我家。我称他后老师，他称我'妹利固'（称妹子方言）。后老师很健谈，第一次见面就把我当成老朋友，介绍他是一个孤儿，跟着外公长大，由于出身影响，被下放农村干重活，工厂做钳工，练就他能吃苦耐劳、聪明精干、励志向上的素养。那天李元洛老师水土不服，上火了，牙痛不止，脸也肿了。后老师在屋前小河边和菜地里寻来一把草药，洗了，放擂钵捣碎，用米泔水拌匀让李元洛老师喝下，药渣敷在脸上疼痛处。很神奇，一会儿李老师疼痛立止，大家如释重负。

　　"后老师，你很喜欢我家小儿子，曾记得你要他叫你师傅。你用一张小纸剪了一个小人，粘在手背，灯光下，对着墙壁，便出现一个山岗，站着一位老农影像，你的手指一甩一甩，这个老农不停挖土。哇，太有意思了！后老师真心灵手巧，多才多艺啊！

　　"从那以后我们成了好朋友。1997年正月初四，雪落纷纷，屋外声音扬起：'拜年了！'哇，后老师来了。后老师，你说在庙山道平家过年。春节期间要抓拍一些花瑶风俗，要我老公做向导。你们访瑶寨，拍风景，你说这次收获满满，还给我们拍了全家福。是的，你为了瑶山走向世界，记不清在瑶山过了多少个春节！

　　"后老师每次上瑶山，只要见到我，老远会招手叫道：'妹利固，我又来啦！'每次都有喜讯告知，哪月哪天在北京摄影展了，又去法国巴黎了。展示花瑶挑花艺术、去长沙呜哇山歌表演了，《神秘的花瑶》出版了。

　　"后老师，你上瑶山探索花瑶民俗文化，却常带些乡下买不到的礼品送给我，送给了我和女儿珍珠项链、90年代稀有针线盒。你说：妹利固，这个装针很方便，转个圈又不会掉出来。有次您和夫人来瑶山，特意给我从北京买了套大花绵绸夏装，穿上特舒服。前年和夫人来我家，又是从泰国给买了杭州丝绸衣裙，一瓶泰国药草膏，这药特神奇，用途甚广，至今还没用完！

　　"后老师最后一次和夫人来我家是去年七月份，你跟我们夫妇聊了很多，叮咛我们不要太劳累，儿女们都成家，儿孙自有儿孙福，辛苦几十年该轻松，到处走走，带我们去长沙你儿女家，有住处，那儿别有风味，可拍很多照……。那次我们两对老朋友合了影，留你们呷中饭，你说趁今天光线好，还得去草原拍白水洞梯田。好吧，随便。只是不舍地目送着你们渐渐远去的背影！

"我们最后一次见面，在草原村部操场，你最后一次喊我'妹利固'，并约定过段时间带夫人来我家避暑。后老师，可你不辞而别，尘封了所有的夙愿，断绝了所有联系。后老师，你丢下遗憾走了。可我忘不了你告诉我弹电子琴指法，忘不了在草原舞台上教表演队姑娘踩舞步，忘不了你在我家禾坪里倒立行走，更忘不了你童颜鹤发挂着相机来去匆匆穿行瑶寨的身影。

"后老师，你热爱花瑶，几十年来你发现瑶山、宣传瑶山，足迹遍布了瑶山的山山水水，却只有奉献，不言索取，只有你胸前挂的相机装满了大千世界！

"后老师，在你出事的前两天，你倒立姿态时，为何说要换个方式观世界？为何说要如此守护山林？是不是那里有更美丽的村庄？是不是那里祖辈耕耘的仙境更值得你去收藏？别了，后老师，愿我们的友情与日月悠长！

老后安葬在香炉山以后，为了方便更多的人前来怀念老后，当地老百姓自发在香炉山挖出了一条便道。相关部门从有限的经费中挤出资金，用花岗岩砌出了石台阶路，拾级而上，便可以来到老后墓前。

老后生前好友、文艺评论家、邵阳市原文联主席、现邵阳市社科联主席张千山先生为老后撰写了墓志铭，勒石以记。

老后先生墓志铭

刘公老后，本名启后。生于公元一九四三年农历八月十六，卒于公元二〇二一年农历七月二十五日，享寿七十有八。先生籍贯新邵，因父母早逝，自幼随外祖家成长于隆回。年少即勤工俭学，自食其力。及成年，先后务工从政。先生天资聪颖，德性温

良，求学品学兼优，务工工
艺精湛，从政政声上佳。先
生多才多艺，于文艺体育，
尤多专擅。为发挥志趣特
长，保护抢救丰厚璀璨民间
文化遗产，助推家乡发展，
先生提前十年从县委台办主
任岗位退休，行走湘中腹地，
仅深入花瑶即达四百余次，
以笔墨、镜头倾力推介其山
川美景、民俗风情，出专版
七百，成专著十部。先后成
为省级、国家级摄影、文学、
音乐等文艺家协会会员，并获二〇一四年全球华人"中华文化人
物"、全国非遗保护十大新闻人物、湖南省道德模范、湖南新乡贤
等荣誉称号及国际国内各种奖励上百项。先生之情怀成就贡献，
深得海内外鸿儒大德褒扬激赏和父老乡亲由衷爱戴。铭曰：

湘中老后，文化奇人；早失考妣，幼历艰辛。

天资敏慧，禀性真淳；求知事业，唯精唯诚。

情系瑶乡，倾力倾心；文彰奇美，影显性灵。

名重三湘，誉载京城；双馨德艺，山海深铭。

其才大矣，学贯古今；其爱博矣，厚泽众生；

其恩深矣，光照乡村；其魂永矣，长佑后昆。

辛丑冬月晚学张千山敬撰

后记（一）

老后是我表姑父的亲弟弟。20世纪90年代初，我在隆回县教育局办公室工作时与他相识，按辈分，我称他后叔，他坚决不同意，只准我喊他"老后"，他则称我名字，有时也用六都寨方言喊我"节立固"（小伙子的意思）。

有次我下班时，他在单位坪里的树荫下等着我，脱下一只凉鞋放在花园矮栏杆上用来垫他的屁股，把另一只鞋递给我，让我也垫上。他对我说，他准备提前退休了，并谈了退休以后的一些打算。他从县委台办主任位置上提前退休后，有时在街上偶遇，他会一直拉着我的手不放，给我分享他近期的一些成果。此时我不用插嘴，只需用耳朵听；有时他兴致来了，也会来到我办公室，说上大半个钟头。此时我会放下手头工作，只需用一杯白开水招待他。30多年来，我们一直是这么交往着。

听闻老后出了车祸，我像遭了电击一般，从电话中得知老后倒地的样子，我预判老后凶多吉少，但又祈祷老后这顽强的生命能出现奇迹，因我经常调侃他这种乐观的心态、永不知倦的工作精神是可以活到一百五十岁，甚至会成为"老妖精"的，他也常常只以哈哈大笑算是回答。第二天凌晨，朋友的微信钻入我的手机，将我所有的期盼击个粉碎，老后走了！我含泪在第一时间从电脑上敲出一篇《老后走了》发在我的公众号"隆中队"告知世人。

此后几天，我放下手头所有的工作，专心参与老后的丧事，以寄托我的哀思。目睹社会各阶层对老后的悼念，我默默地收集着一些资料。待老后入土为安后，我向老后夫人朱春英女士提出写一本《老后传》的想法时，得到她的大力支持。

一种神圣的使命感和责任感促使我放下所有的事情，自费在省内各地奔走。我沿着老后生前走过的一些地方，采访了300多人，有时驱车数百里，听到有关老后的一个小故事或片言只语，我也感到很有收获。难度最大的是采访原隆回县机械厂的他的那一批工友，这些人大多八九十岁了，有时讲了半天还没听清我的来意。当我伏在他们的耳朵边喊了半天，请他们讲讲老后的事迹，他们马上说"好，好"，但当听到老后已去世时，又欲语泪先流了，所以在我的包里，除了要准备香烟，还要备有纸巾。对老后这些老工友的采访，常常是他们一把眼泪一把鼻涕，半句半句挤出来的。在整个花瑶地区，我几乎自驾走遍了所有村寨，听到了不少关于老后的故事。

对老后生前的一些好友和名人名家，我有时是通过电话和微信采访。当得知我是要了解老后的一些事情时，他们都会放下手头的工作，耐心地同我说，对我的冒昧打扰，一点也不介意，让我深受感动。最让我感动的还是老后夫人朱春英女士，因她大多数时候是住在长沙女儿家，我们约定以微信语音留言方式聊，有时候凌晨两三点她忽然记起某件事，又对着手机边哭边讲给我留言。好多次我同她说："我这样做是不是对您是一种伤害？"她对我说："谢谢你！我是怕我自己忘记了，所以什么时候记起来了，我就什么时候讲给你听，讲出来我就好受些。"我还要感谢表姑父孙传猷先生，他对两兄弟儿时的一些情况进行了认真回忆，给了我莫大的帮助！

我虽然写过上百篇人物通讯稿，也结集出版过《乡土上的树》《隆回骄子》《天下花瑶》，但写长篇人物传记还是头一回。原来虽然读过一些名人传记，但并没有有针对性地认真去读。为了写好《老后传》，在采访收集大量的资料以后，我不敢急于动笔，而是先认真拜读一些名人传记，包括《邵阳文库》中的一些人物传记，通过泛读，我受益匪浅。动笔之前，认真揣摩老后精神，最后我把他的精神归结为 12 个字：坚忍坚韧、执着自觉、无私奉献。我以此为主线，对材料进行取舍。一经动笔，则不敢有丝毫的懈怠，以至于在 2022 年大年三十下午 4 点多还在写作，2023 年正月初一早上 8 点开始，我又在认真写；有很多次，我凌晨三四点钟就爬起来打开电脑进行写作。我觉得我若不努力，则对不起老后夫妇。

感谢隆回县委县政府领导对该书出版的大力支持，感谢隆回农商银行的大力赞助，感谢出版社，特别是责任编辑对本书出版付出的艰辛努力。

由于作者水平有限，错误难免，拜请读者海涵。

陈云鹤

2023 年 7 月 26 日于桃花坪紫霞园

后记（二）

"尽管外部的世界早已发生了翻天覆地的变化，现代通讯和传媒亦不时地把信息传送到了东南西北偏远的山寨，然而，朴实的花瑶山民却依然如故，日复一日，坚守着先人历练过的生存轨迹和生活法则，优雅而缓慢地稳步向前。"

这是 1976 年的冬天，老后在冰天雪地中第一次见到银装素裹的花瑶古寨时，为这座仿佛停留在时间缝隙里的古城的美所发出的赞叹，从此开启了他民间文化保护领域"殉道者"的一生。

在媒体的评价中，他是"从偏远山区走出来的孤儿，是生活最底层的文化行者"，同时他也是追逐民族文化美梦的"中华文化人物"。从 1976 年开始，四十余年的时间，他用一颗赤诚的心和满腔的热血，记录了许多正在消亡的民族文化，为后人留下珍贵的文化资料。

正是这份赤诚和热血，形成了生命中一股无形的牵引线，把我以及更多同样对花瑶文化和民族传统文化心怀热爱的民间文艺爱好者们，都拉拢到了老后的身边，让越来越多的人开始关注并加入保护和传承传统文化的行列中来。

2000 年春天的一次班车偶遇，行途中他热情、专业的拍摄过程深深吸引了我，当时还只是一名普通摄影爱好者的我，受他的感召，一次又一次捧着自己当时"技艺不精"的照片虚心求教，热心的老后不仅耐心指导我的作品，还鼓励我收集的见闻、感悟等及时用文字记录下来。长此往复，我和老后建立起来深厚的师徒情谊，并不时跟随后老师行走在瑶山，拍摄民俗照片，记录大山里的民间日常，被花瑶群众戏称为老后背后的"陆癫子"。

后来为传承花瑶文化，又有刘建华和周华秀一起拜老后为师，师兄妹们一起在冰天雪地时深入瑶山和草药师、山歌师父学习互动，利用自身资源对花瑶文化进行立体和动态展示，成为在县城了解花瑶文化的第一窗口。

此后，在传承花瑶文化的使命感召下，吴传胜、赵志高、周劲翔、彭国平、周玮、范巧玲、谭美珍、张才荣等等许多民间艺术爱好者们都以老后为榜样，纷纷加入追随老后的队伍中，并受到过老后的点拨和指导。一批批摄影爱好者受老后影响，爱上了花瑶，并成为花瑶文化的志愿传播者。

老后不仅仅是一名优秀的摄影家，更是民间文艺活跃分子。他吹拉弹唱样样在行，一边行走记录乡土风情和民俗民风，一边和民艺的朋友交流，引领隆回县民间文艺热心人一起助推全县的非物质文化遗产和花瑶文旅的发展，成为名副其实的"花瑶守望者"，因此只要老后上瑶山，瑶山群众就把老后当自己家里人一样倍加呵护。

老后将毕生精力投入雪峰山花瑶的传承中，他曾说："我愿在追逐民族文化的美梦之中长醉不醒，我一定会继续走下去。"而今，他真的践行了自己的使命，在追逐民族文化的美梦中长醉不醒，但是我想这条路没有停止，依然在继续，因为追随老后的精神仍在、传承仍在，一批又一批被老后精神感染的民族文化传承者们仍在！

最后，感谢隆回民间文艺家协会的发起人陈云鹤先生呕心沥血完成了这本记录刘启后——老后一生的作品《花瑶守望者》，让后人得以感知老后的精神境界。也感谢所有关心和支持老后的人们，正是你们的关注，让这份文化传承得以延续。

学生：陆显中

2024 年 12 月 13 日

编辑手记

2023年盛夏，陈云鹤老师带着初稿来到出版社。炽热的阳光穿过玻璃，为他周身镀上一层光晕。他热切而真挚地向我讲述主人公老后——那位以赤诚之心和满腔热血献身花瑶的守望者。他言语间流淌的敬意与温度，连同那日的阳光，至今清晰烙印在我心间。

为了真实书写老后的故事，完美呈现那份执着的精神，陈老师一次次亲临出版社商讨体例，一遍遍通过电话、微信与编辑打磨细节，字斟句酌，精益求精。这份近乎严苛的专注，只为更好地秉承老后先生遗志，守护那珍贵的花瑶文化。他的专业、敬业与无私的投入，深深打动着我们。然而，11月11日，我与陈老师的微信对话却毫无征兆地定格了。起初的等待变为不安，最终被那个最不愿面对、最令人心碎的消息击穿——陈老师竟骤然离世。那一刻，仿佛时间也凝固了，只留下难以置信的空白与钝痛。

《花瑶守望者》是老后先生与陈云鹤老师以不同的方式，用生命共同守护的同一份文化的火种。愿捧读至此的您，能从这字里行间，从书中人物与陈老师倾注的心血中，感受到那份对花瑶文化深沉而炽热的挚爱与奉献。这不仅仅是一本书，更是一份守望的接力。我们恳切地邀请您，加入这守护的行列，一同成为民族文化的传承者，让这份爱与精神，生生不息。

写在最后的话

父亲与老后相识已久我是知道的。在我小时候，家里就有很多老后赠送的书和画册，那个时候我就惊叹于这位大师的独特视角和创作魅力，父亲提到他也是格外尊敬。镜头是摄影师的眼睛，照片能看出摄影师的内心，所有的绚丽和出彩，都源于老后对这片土地爱得深沉。几十年里他们成为亦师亦友的忘年交，各自在不同领域为宣传推广家乡而不懈努力奋斗。老后去世时父亲痛心疾首，第一时间就想给他写本传记，并且勤恳踏实地做到了。如父亲书中所言，他经常凌晨三四点还在奋笔疾书，自费跑遍了很多山村角落，一遍遍听老后遗孀的语音，大年三十和初一都未曾休息。以手写心，较为完整地记录了这位大师不平凡的一生，表达了对老后的敬仰和怀念之情溢于文字。

父亲与老后一样热爱花瑶我也是知道的。在我更小的时候，花瑶仅是苦寒之地，很多人提到那儿都是摇头摆手，根本不懂那里的景色和人文之美。是老后一次次奔赴瑶山，一家家采访收录，一场场活动宣传，才让这处养在深闺人未知的秘境走出大山，为人熟知。父亲也是深受他的影响，深入瑶山，深耕花瑶，编写收录了《天下花瑶》一书。多年来，父亲陪同很多人走过花瑶，从90年代的上海大学生，到本地或者外地的亲朋好友，到中央台的记者，每次陪同都如数家珍，滔滔不绝，乐此不疲。他们一个用镜头，一个用笔，沉浸于抢救、挖掘、记录花瑶文化，也许不被世人完全理解，但十分自豪自己能为弘扬传统文化做贡献。这些年花瑶发生了翻天覆地的巨变，谁不说一声有他们的功劳呢！

父亲与老后一样走得突然，是我完全没想到的。老后去世时摄影圈震动，父亲跑前跑后参与了很多缅怀老后的活动。花瑶很多民宿都有老后拍的照片，虎形山瑶王府一直有老后的影展，冯骥才说老后"心怀赤子之心，是黄土地默默的坚守者，在这种功利社会，这种人寥若晨星。"这都是人们对他的极大肯定和深切缅怀。我更没想到这本书成了父亲的遗作，他艰难申请到了资金，逐字逐句改了又改，就在快出版的时候，由于积劳成疾，于2024年11月24日突发心肌梗死永远离开了我们，留下深深遗憾。父亲一直以老后为榜样：做一个有思想、有内涵、乐于奉公的人，致力于挖掘乡村魅力、丰富乡土文化、推动新农村建设，父亲这辈子没有老后那么高的成就，但也以一己之力影响了很多人。

很后悔这么多年未曾好好表达自己对父亲的爱，在此，我想以女儿的身份深深怀念父亲。清理父亲的遗物时，我看到了他给幼时的我买的书本词典和手抄的试卷，看到了他大学时的日记和工作后的笔记，而看到更多的是各种红色讲解的文稿、各种公益事业的报告和各种捐款的单据。我看到了父亲的教诲温润和舐犊情深；看到了他一年里绝大部分时间都在出差，走遍了隆回的每一个村寨；看到了他几十年如一日的勤奋踏实和兢兢业业；看到了他退休后退而不休的忙碌耕耘。父亲将老后的精神概括为：坚忍坚韧，执着自觉，无私奉献。其实我觉得这也是父亲的人生缩影。我在老后身上看到了父亲的影子，也明白了父亲为何对老后如此敬重。

最后，感谢所有给予父亲诚挚关爱的领导、同事和亲朋好友，感恩所有对本书出版发行提供帮助的认识或不认识的人们，得益于你们的无私帮助，方能使老后的绚丽一生付诸浓墨重彩，最终成就我父亲的遗愿。愿大家都能像他们一样，勇敢地付出，勇敢地坚持，勇敢地出彩自己！

老后，一路走好！

父亲，一路走好！

陈闻莺

2024 年 12 月 15 日写于长沙家中

图书在版编目（CIP）数据

花瑶守望者／陈云鹤著. —长沙：中南大学出版社，
2025.3

ISBN 978-7-5487-5821-1

Ⅰ. ①花… Ⅱ. ①陈… Ⅲ. ①瑶族－民族文化－
隆回县 Ⅳ. ①K285.1

中国国家版本馆 CIP 数据核字（2024）第 083364 号

花瑶守望者
HUAYAO SHOUWANGZHE

陈云鹤　著

□出 版 人	林绵优	
□责任编辑	梁　甜　张　倩	
□责任印制	唐　曦	
□出版发行	中南大学出版社	
	社址：长沙市麓山南路	邮编：410083
	发行科电话：0731-88876770	传真：0731-88710482
□印　　装	湖南省众鑫印务有限公司	

□开　　本	880 mm×1230 mm 1/32	□印张 8.75	□字数 212 千字
□版　　次	2025 年 3 月第 1 版	□印次 2025 年 3 月第 1 次印刷	
□书　　号	ISBN 978-7-5487-5821-1		
□定　　价	58.00 元		

图书出现印装问题，请与经销商调换